新编 技工院校劳动教育教程

程翠华　唐国雄　杜　江 ◎ 主　编

卢　军　孙　波　张　攀　胡志林　钱代伦 ◎ 副主编

徐　飚 ◎ 主　审

电子工业出版社
Publishing House of Electronics Industry
北京·BEIJING

内 容 简 介

本书分为 6 个单元，共 12 个主题，分别为"树立劳动观念　培养职业认知""端正劳动态度　明确职业方向""崇尚劳动精神　认识职业价值""增强劳动情感　进行职业规划""养成劳动习惯　拓展职业能力""提升劳动素养　恪守职业操守"。本书力求通过劳动教育，使学生牢固树立劳动最光荣、劳动最崇高、劳动最伟大、劳动最美丽的观念，培养勤俭、奋斗、创新、奉献的劳动精神，形成正确的世界观、人生观、价值观。

本书内容理论联系实际，所设实践活动贴近生活、适用面广，目的在于让学生通过劳动实践加深对劳动教育、技工教育和职业规划的理解与重视。

本书既可以作为技工院校开展劳动教育的教材，也可以作为职业院校学生的自学教材和生活拓展用书。

未经许可，不得以任何方式复制或抄袭本书之部分或全部内容。
版权所有，侵权必究。

图书在版编目（CIP）数据

新编技工院校劳动教育教程 / 程翠华，唐国雄，杜江主编. —北京：电子工业出版社，2023.12

ISBN 978-7-121-47131-5

Ⅰ. ①新… Ⅱ. ①程… ②唐… ③杜… Ⅲ. ①劳动教育—技工学校—教材 Ⅳ. ①G40-015

中国国家版本馆 CIP 数据核字（2024）第 012987 号

责任编辑：游　陆　　文字编辑：苏颖杰
印　　　刷：三河市华成印务有限公司
装　　　订：三河市华成印务有限公司
出版发行：电子工业出版社
　　　　　北京市海淀区万寿路 173 信箱　邮编　100036
开　　本：787×1092　1/16　印张：11.25　字数：249 千字
版　　次：2023 年 12 月第 1 版
印　　次：2025 年 8 月第 6 次印刷
定　　价：39.00 元

凡所购买电子工业出版社图书有缺损问题，请向购买书店调换。若书店售缺，请与本社发行部联系，联系及邮购电话：（010）88254888，88258888。
质量投诉请发邮件至 zlts@phei.com.cn，盗版侵权举报请发邮件至 dbqq@phei.com.cn。
本书咨询联系方式：（010）88254489，youl@phei.com.cn。

前言 PREFACE

党的二十大报告指出，"高质量发展是全面建设社会主义现代化国家的首要任务"，要"加快建设高质量教育体系"。劳动教育是中国特色社会主义教育制度的重要内容，是建设高质量教育体系和"培养德智体美劳全面发展的社会主义建设者和接班人"的重要组成部分，事关"培养什么人""怎样培养人""为谁培养人"的根本问题，事关全面贯彻落实党的教育方针，完成"立德树人"的根本任务。2020年8月，重庆市人力资源和社会保障局（以下简称人社局）组织编写了全国第一批劳动教育教材，对重庆市技工院校开展劳动教育起到了积极的作用。

当前，我国已经进入全面贯彻新发展理念、加快构建新发展格局、着力推动高质量发展的新阶段，立足新时代、新征程，要将劳动教育作为主动构建新发展格局中加快建设高质量教育体系的重要因素和内生变量，从国之大计、党之大计的战略高度，牢牢把握高质量发展的首要任务，全面构建体现时代特征的技工院校劳动教育体系。鉴于此，人社局再次组织编写了符合技工教育特点的新型活页式劳动教育教材，从实践角度拓展了新时代劳动教育高质量发展的路径，提升了技工院校劳动教育的针对性和有效性，推动重庆市技工院校劳动教育再上新台阶。

本书分为6个单元，每个单元都有"劳动"与"职业"两个主题，主题1围绕"劳动"，通过学生的自主学习与劳动体验，让学生懂得劳动的意义和价值，包括"劳动之魂"（劳模人物）、"劳动之道"（劳动体验活动）、"劳动之术"（劳动理论）、"劳动之美"（劳动拓展）4个专题；主题2围绕"职业"（职业规划），通过学生的自主学习与活动分享，教育引导学生崇尚劳动、尊重劳动，并结合专业技能的学习，明确自己的努力方向，包括"怀匠心"（工匠人物）、"铸匠魂"（工匠精神要素）、"守匠情"（相关活动）、"践匠行"（拓展学习）4个专题。学生通过学习（探究）和行动（实践），能够加深对劳动教育、技工教育与职业规划的理解与重视。同时，每个主题均设计了实践活动，避免了劳动教育成为"有教育、无劳动"的传统课堂教学和"有劳动、无教育"的无效活动，实现了知行合一，即劳动教育与技工教育的统一、职业教育与个人发展的统一、内在知识与外在行动的统一。

在使用本书的过程中，各院校可结合劳动教育实际，重新组合、调整教学或活动体验内容，既可将同一专题集中学习探究，也可结合专业增删相关活动，更可根据各院校、各专业实际情况，增补、替换主题（专题）内容。

本书由人社局组织编写，程翠华、唐国雄、杜江担任主编，卢军、孙波、张攀、胡志林、钱代伦担任副主编，李岳、李彦、何翠、叶家勇、王丹菱、李彦燕、吴娇、唐万军、王烁、廖明会、杨炎锋、刘益辛、王燕、冉婷、李科、袁艺双、漆妍麟参加了编写工作。徐飚担任主审。

由于编者水平有限，书中难免存在不足之处，恳请读者提出宝贵意见和建议。

编 者

2023 年 10 月 10 日

目录 CONTENTS

第一单元　树立劳动观念　培养职业认知 1

主题1　认识劳动 3
实践活动1　制订学期劳动计划 11
主题2　职业体验 15
实践活动2　"简"出风采，"历"经未来 24

第二单元　端正劳动态度　明确职业方向 29

主题1　体验劳动 31
实践活动1　设计劳动周实践活动 39
主题2　职业定位 43
实践活动2　走进企业，"职"得体验 52

第三单元　崇尚劳动精神　认识职业价值 57

主题1　尊重劳动 59
实践活动1　组织社区志愿者活动 67
主题2　职业选择 72
实践活动2　模拟招聘，"职"等你来 84

第四单元　增强劳动情感　进行职业规划 88

主题1　辛勤劳动 90
实践活动1　寻找最美技能人 98
主题2　职业规划 102
实践活动2　筑梦青春，规划启航 112

第五单元　养成劳动习惯　拓展职业能力 ················ 117

主题1　诚实劳动 ················ 119
　　实践活动1　美好生活，从我做起 ················ 127
主题2　职业能力 ················ 132
　　实践活动2　技能大赛，"职"引未来 ················ 141

第六单元　提升劳动素养　恪守职业操守 ················ 146

主题1　创造性劳动 ················ 148
　　实践活动1　创新创业实践活动 ················ 156
主题2　职业素养 ················ 160
　　实践活动2　职业素养，照亮生涯 ················ 168

第一单元

树立劳动观念　培养职业认知

很多知识和道理都来自劳动、来自生活。引导孩子从小树立劳动观念，培养劳动习惯，提高劳动能力，有利于他们更好地学习知识。

——摘自2023年5月31日，习近平在北京育英学校考察时的讲话

学习目标

1. 识记劳动的相关概念，认识职业的基本要求。
2. 积极参加日常生活劳动，具备基本的职业要求。
3. 养成热爱劳动、尊重劳动、崇尚劳动的态度和理念。

课程思政

●●● 思政教学要点

马克思主义劳动观

习近平总书记关于劳动的重要论述

●●● 思政教学内容

劳动最光荣、劳动最崇高、劳动最伟大、劳动最美丽

●●● 思政教学设计

劳动是马克思思想体系中的核心观念，是马克思主义理论研究的基础。马克思认为，"全部人的活动迄今都是劳动"。马克思把劳动比喻成整个社会为之旋转的太阳，劳动是人类生存的本质，人类的发展过程就是劳动的发展史。

作为本课程的开篇，本单元重点学习劳动、劳动者、劳动力、劳动工具的概念和意义，认识和了解行业、职业、专业的概念及区别，认识职业的基本要素、马克思主义劳动观等。通过学习劳模、工匠案例的材料，制订学期劳动计划，帮助学生理解马克思"劳动创造了人本身""劳动创造了人类生活""劳动是一切价值的创造者"的劳动观，充分认识劳动是人的本质，人的本质是一切社会关系的总和。

中华民族是勤于劳动、善于创造的民族。回顾中国的创新发展，认识"中国奇迹""中国创造"无不凝聚着广大劳动者的智慧和汗水。正是因为劳动创造，我们才拥有了历史的辉煌；也正是因为劳动创造，我们才拥有了今天的成就。

通过学习和理解习近平总书记关于劳动的重要论述，帮助学生牢固树立"劳动最光荣、劳动最崇高、劳动最伟大、劳动最美丽"的观念，教育学生从小就要心中有梦想、肩头有担当、手上有干劲、脚下有方向，立志成为新时代的奋斗者、创新者、追梦者。

主题 1   认识劳动

劳动之魂

张杰：精研单轨道岔，诠释劳模精神

作为重庆单轨道岔技术的领军人才、2020 年"全国劳动模范"，重庆市轨道交通（集团）有限公司（以下简称"重庆轨道集团"）运营三公司工务维保部副经理张杰的荣誉和标签还有很多——第十三届全国人大代表、重庆市杰出英才、重庆市优秀技能人才、第十四届全国技术能手、张杰国家级技能大师工作室暨张杰劳模创新工作室负责人，等等。

张杰是重庆轨道集团产业工人的代表，他扎根基层 16 年，把普通工作做到了极致。如今，他仍然埋头苦干，坚持奋斗在技术研发一线，用敬业坚守、默默奉献诠释着工匠精神的内涵。

1992 年，年仅 19 岁的张杰开始跟着师傅从事机械设备维修工作，一干就是 13 年，这为他走上技能人才的道路打牢了基础。

2004 年，张杰进入重庆轨道集团，从事单轨道岔的检修维护和技术革新工作。次年，重庆轨道交通 2 号线——国内第一条跨座式单轨线路、重庆第一条城市轨道交通线路开通并试运营，开启了重庆的轨道交通时代。

那时，作为单轨系统三大核心技术之一的单轨道岔技术，在重庆乃至全国都是一片空白。跨座式单轨交通技术和设备大都从国外引进，车辆、轨道梁、道岔等核心技术都遵循国外的标准和规范。面对技术壁垒，张杰清楚，必须掌握核心技术，只有让单轨道岔实现"中国造、重庆造"，才能解决根本问题。

重庆轨道集团对单轨道岔技术的创新需求与张杰攻坚克难的工匠精神不谋而合，从硬件到软件、从人力到物力，都给予张杰大力支持，给他提供了实现技术突破的环境。

在道岔专家的带领下，张杰和同事们把家搬到了工作室。他们买来专业书籍，白天自学技术资料，在现场进行测量、比对、绘图；晚上记录读书笔记和学习心得，讨论技术问题。正是凭着这种敬业、精益求精和创新的精神，张杰团队掌握了单轨道岔核心技术，编制了国内第一部关于单轨道岔的维护手册，使重庆成为国内最早拥有跨座式单轨标准的城市。

这些年，无论走到哪里，张杰总是随身带着笔记本，遇到不懂的技术知识、总结出的"独家秘籍"和绝活儿都会马上记下，十几年下来，30 多本笔记摞起来有厚厚的一沓，记录的各种资料、数据超过20万字。因为对道岔的上千个标准数据了如指掌，他被同事们戏称为道岔"活字典"。

在道岔领域的攻坚路上，张杰始终不逃避任何困难，不放松任何要求。为了能有效减少列车停运时间，最大限度地节省乘客的等待时间，他带领工作室成员反复摸索，开发PLC监控程序，进行了成百上千次试验、调整，最终成功研发单轨道岔过程控制监控装置。该装置能直观地将道岔运行过程及状态、故障时间、点位等信息反映到人机界面上，能发现肉眼观察不到的隐患。

值得一提的是，这个装置解决了重庆轨道交通多年的难题，而成本只有2000元左右。他透露，下一步，该装置将在重庆轨道交通所有的道岔上投入使用，可有效缩短轨道交通的故障处治时间，提高应急抢险效率。

张杰把发扬劳模精神，发挥"传、帮、带"作用，当成自己义不容辞的责任，他会毫无保留地把自己的工作日志借给同事们看，还经常组织召开班组攻关讨论会，开展道岔理论知识的培训。也正是"教、学、练、比"等现场技能切磋，快速提升了团队成员的技术水平，使大家共同提高。

"张杰技能大师工作室"于2012年成立后，每年实施3~5个项目，包括研发、技改，以及设备出现突发情况的调试和改造。2014年，工作室被荣获重庆轨道集团"张杰劳模创新工作室""重庆市优秀大师工作室""国家级技能大师工作室"称号。目前，工作室已完成科技创新和设备改造升级20余项，拥有国家新型实用专利7项，获得国家级、市级荣誉10余项。

时光荏苒，当年的毛头小伙子已在时光的砥砺中成长为全国劳动模范、全国技术能手。作为一名党员、一名匠人，张杰始终以坚定的理想信念、高度的敬业精神、忘我的担当进取，打磨匠心，秉承恒心，生动诠释了"爱岗敬业、争创一流、艰苦奋斗、勇于创新、淡泊名利、甘于奉献"的劳模精神。

（资料来源：重庆日报网。）

谈感受

通过学习全国劳动模范张杰的故事，你最深的印象是：

_____
_____
_____
_____
_____
_____

劳动之道

劳动打造宜居寝室

活动时间	_____年_____月____日
活动地点	操场、学生寝室
活动准备	1. 准备被子、凉席、笤帚、毛巾、脸盆等清洁工具。 2. 准备笔和笔记本，便于记录教官讲解的叠被子的要领和细节。 3. 准备摄影、摄像设备，指定专人负责活动全过程的摄影、摄像。
活动目标	1. 认知性目标：通过教官讲解、示范，以及学生的相互交流，掌握叠军被等整理内务的要求，帮助学生养成良好习惯。 2. 参与性目标：让学生实实在在地参与叠军被等整理内务的过程，感受浓厚的集体荣誉感，明确舒适宜居的寝室环境需要大家共同打造。 3. 体验性目标：锻炼学生，坦然面对困难，端正心态，虚心求教，整理好寝室内务，养成良好生活习惯。 4. 技能性目标：掌握叠军被的方法、要领，明确各类物品摆放的要求。 5. 创造性目标：在叠军被等整理内务的过程中总结出更好、更便捷的方式方法。
活动过程	1. 召开班会，指出学生寝室内务存在的问题，讲解整理内务的标准和要求，全班学生做好笔记。 2. 通知全班学生带上自己的凉席和被子，在操场上集合。教官现场讲解叠军被的方法、步骤，并现场示范叠军被，全班学生做好笔记。 3. 学生根据教官的讲解和现场示范，将凉席铺在操场上，现场练习叠军被。班主任和教官进行现场指导，提示叠军被的方法和动作要领。 （1）将被子平铺在凉席上，保证被芯完全展平并充实于整个被套。 （2）将被子竖分成三等份，叠齐成长条状，使劲将被子压实，压出折痕。 （3）在距被头两端 20cm 处用手掌划出折痕，按以折痕为起点一拳的宽度将被子两端对折，然后整理出被子上的"四条线、八个角"。在被子中间以两拳的宽度压折痕，压好后将被子对折，使两端的"豆腐块"重合。最后，整理出被子的"十个角、十条直线"。至此，军被成型。 4. 选出各寝室被子叠得最好的学生，到寝室为寝室成员进行示范。

续表

活动过程	5. 所有学生整理好个人的凉席和被子，回到寝室按照要求整理寝室内务。 6. 教官和班主任按照学生寝室内务标准和要求对各寝室进行检查和验收。 7. 教官对各寝室的内务整理进行评价，班主任对活动进行总结，并感谢教官的悉心指导。  在操场上示范叠军被 学生整理寝室内务

话感悟

通过本次"劳动打造宜居寝室"活动，你的感悟是：

_____

_____

_____

_____

_____

_____

劳动之术

一、劳动的概念

1. 劳动

劳动是指人们改变劳动对象，使之适合自己需要的、有目的的活动。

根据马克思主义关于劳动的定义，劳动是指人类运用自己的身体和智力，从事物质资料的生产和创造的过程。

关于劳动，我国宪法明文规定"公民有劳动的权利和义务"。通过劳动，人们可以获取物质财富和生活资料，同时可以锻炼自己的能力和提高自身的素质，从而实现自我价值和社会价值的统一。

2. 劳动者

根据《中华人民共和国劳动法》的规定，劳动者是指当事人达到法定年龄且具有相应的劳动能力，在用人单位的管理下进行劳动并获取工资待遇的自然人。劳动者应享有一定的劳动权利和保障，包括劳动报酬、工作时间、劳动安全、职业培训和健康等方面的权利。

要成为合法的劳动者，就必须具备一定的条件并取得劳动权利能力和劳动行为能力。劳动者的主体资格始于劳动者最低用工年龄（除特种工作以外，为16周岁），终于法定退休年龄。

在新时代背景下，劳动者不仅是生产力的主角，更是创新和发展的重要力量。

3. 劳动力

劳动力有广义和狭义之分。广义上的劳动力指全部人口。狭义上的劳动力则指具有劳动能力的人口。在现代社会，劳动力资源优化配置，成为推动经济发展的重要动力。通过培训、优化待遇和提高技能，劳动力可以转化为生产力，为国家创造更多的价值。

4. 劳动工具

劳动工具是人类在劳动过程中所使用的各种器具和设备，有助于提高劳动效率和保护劳动力。随着科技的发展，现代劳动工具已经越来越智能化、多功能化，从传统的铁质工具到现代的电动工具，从手动工具到机器人等，为各行各业带来了前所未有的改变。在选择和使用劳动工具时，需要根据具体需求和操作要求选择适合的工具，并进行正确的操作和保养，以确保其长期高效运行。

二、劳动的意义

1. 劳动创造人本身

早在一百多年前，达尔文的"进化论"从生物学角度解答了人类起源的问题，得出了"人是由古猿进化而来的"的科学结论。恩格斯在《劳动在从猿到人转变过程中的作用》一文指出,人的形成有一个从"类人猿"到"正在形成中的人",再到"完全形成的人"的过程。在这个过程中,劳动起着决定的作用,劳动完成了手和脚的彻底分工,并促进了手和脚的专门化发展,劳动"是整个人类生活的第一个基本条件,而且达到这样的程度,以致我们在某种意义上不得不说:劳动创造了人本身"。因此,劳动是人类自身发展的基础,只有通过不懈努力和辛勤耕耘,我们才能创造更加美好的人生。

2. 劳动创造幸福生活

马克思主义认为,劳动不仅创造物质财富和精神财富,而且创造人本身;劳动不仅满足人们的生存、生活需要,而且促进人的全面发展;劳动不仅改造客观世界,而且改造主观世界,提高人的认识能力;劳动不仅是服务社会、奉献社会的有效手段,而且是实现自我价值、迈向成功人生的正确途径。人世间的一切幸福都不会从天而降,而需要靠辛勤的劳动来创造。

劳动是人类社会发展的重要力量,也是人类追求美好生活的途径。通过劳动,人们可以获得身体和心理上的满足感,同时为社会创造更多的财富和价值。因此,劳动是创造美好生活的源泉之一,它不仅能够促进个人的成长和发展,也能够为社会创造更多的价值和财富。人类社会发展史就是一部劳动发展史,就是用辛勤劳动创造幸福生活的历史。因此,人人都应尊重劳动、崇尚劳动、热爱劳动,辛勤劳动,人人都有出彩的机会,人人都能梦想成真。

3. 劳动促进社会进步

随着社会发展和科技进步,虽然劳动的形态和方式会发生变化,劳动的内容会不断丰富,但劳动永远是推动人类社会进步的根本动力。

自从人类发现并学会使用工具,劳动就成为推动人类社会发展进步的根本动力。通过劳动,人们可以为社会创造更多的财富和价值,从而推动社会经济的发展和进步。劳动也可以促进社会公正和公平的实现,推动社会的民主化和法治化进程。同时,劳动可以帮助人们发掘自己的潜能和才能,推动社会的文化进步和人类文明的发展。

因此,我们要积极投入到劳动中去,不断地推动劳动的发展和创新,始终坚持尊重劳动、尊重劳动者,让劳动的价值在人类文明的长河中永放光彩。

讲 感 触

通过对劳动基本内涵的学习,你最深的体会是:

_____
_____
_____
_____
_____

劳动之美

1. 阅读小故事

寒号鸟的故事

传说远古时有一种小鸟，叫寒号鸟。这种鸟与众不同，它长着四只脚和两只光秃秃的肉翅膀，不会像其他鸟那样飞行。夏天的时候，寒号鸟全身长满了绚丽的羽毛，样子十分美丽。寒号鸟骄傲得不得了，觉得自己是天底下最漂亮的鸟，于是整天摇晃着羽毛，到处走来走去。

夏天过去了，秋天到来，鸟儿们都各自忙碌，有的开始结伴飞向南方，准备在那里度过温暖的冬天；有的留下来，整天辛勤忙碌，积聚食物，修理窝巢，做好过冬的准备。只有寒号鸟，既没有飞到南方去的本领，又不愿辛勤劳动，仍然整日东游西荡，还在一个劲儿地到处炫耀自己身上漂亮的羽毛。

终于，冬天来了，天气冷极了，鸟儿们都回到自己温暖的窝巢里。这时的寒号鸟，身上漂亮的羽毛都脱落光了。夜间，它躲在石缝里，冻得浑身直哆嗦，它不停地叫着："好冷啊，好冷啊，等到天亮了就造个窝啊！"等到天亮后，太阳出来了，温暖的阳光一照，寒号鸟忘记了夜晚的寒冷，于是它又不停地唱着："得过且过！得过且过！太阳下面暖和！太阳下面暖和！"寒号鸟就这样一天天地混着，过一天算一天，一直没能给自己造个窝。最后，它没能混过寒冷的冬天，终于冻死在石缝里。

思考 寒号鸟为什么冻死了？寒号鸟之死给你哪些启示？

_____
_____
_____
_____
_____

2. 欣赏影视剧

《天渠》是由柏麟执导，郑强领衔主演的剧情片。该片于2018年11月30日在中国上映。影片根据贵州省遵义市播州区草王坝村党支部书记黄大发同志的先进事迹改编，讲述了黄大发同志几十年如一日，克服艰难困苦，带领群众在绝壁上凿出一条"天渠"，由此脱贫致富的奋斗历程，歌颂他以实际行动践行了新时期"愚公移山"的精神。

思考 劳动是否能改变命运？通过劳动能创造哪些价值？

3. 感悟艺术美

艺术源于生活，生活中的美无处不在，人们通过劳动创造美。无数艺术作品的主题就是通过人们的劳动过程展现的。

赞美劳动的歌曲不计其数。《中国》《热爱劳动》《纺织姑娘》《浪花里飞出欢乐的歌》《好日子》《我们的生活充满阳光》《时代号子》《劳动歌》等，都是脍炙人口的经典歌曲。

2022年4月29日，中华全国总工会文工团创作的歌曲《中国梦·劳动美》，伴随着陈思思的演唱，一夜间红遍了大江南北，万人传唱。

要知道劳动有多美

去看那晶莹的汗水

她在笑容里跳荡

浇开梦想的花蕾　梦想的花蕾

要知道梦想有多美

去看那风中的花蕾

她在寒春里绽放

吹开幸福的心扉　幸福的心扉

啊　中国有梦　劳动最美

劳动和梦想永相随

思考 歌曲《中国梦·劳动美》如何体现中国梦和劳动美的关系？歌曲是如何体现劳动美的？

实践活动 ① 制订学期劳动计划

活动目标

1. 理解劳动的意义，形成正确的劳动观。
2. 了解本学期的劳动任务和职责，培养良好的劳动品质。
3. 养成爱劳动的好习惯，体验劳动的快乐。

活动内容

凡事预则立，不预则废。做什么事有了计划就容易成功，反之则不然。提前做好学期劳动计划，有利于增强学生的劳动观念，帮助学生提升服务社会的能力，提高劳动素养。本学期的劳动计划如下。

1. 劳动周活动

组织学生开展校园巡逻督促、校园清洁卫生、宿舍清洁卫生等活动。通过身体力行的劳动体验，培养学生正确的劳动价值观和良好的劳动品质。

2. 社区志愿者活动

组织学生志愿者走进社区，开展环保服务、助困服务、科普服务等活动。让学生展现青年志愿形象，传递"奉献、友爱、互助、进步"的志愿者精神。

3. 寻找最美技能人

组织学生开展"寻找本专业最美技能生、最美技能工、最美技能大师"活动，通过采访，倾听他们的故事，共话奋斗之路。

4. 美好生活，从我做起

组织学生开展寝室收纳、包饺子、树文明形象等活动，让学生体验劳动带来的快乐，树立以辛勤劳动为荣、以好逸恶劳为耻的劳动观，让中华民族勤俭、奋斗、创新、奉献的劳动精神在一代又一代青年身上发扬光大。

5. 创新创业实践活动

组织学生开展创业知识比赛、创业策划方案评比、"赢在校园"营销比赛等活动。让学生在劳动创造中培养社会责任感、创新精神和实践能力。

活动准备

1. 人员分工

根据活动分组分工表（见下表）安排活动任务。

活动分组分工表

组织设置		工作内容	岗位职责
领导组		由分管校长、学管部、后勤部、团委、班主任组成，分管校长担任组长，学管部、后勤部、团委负责人担任副组长，班主任为组员	组长：协调、落实安全保障等
工作组	策划协调组	团委与学管部联合负责策划工作，包括安排学期计划时间、内容，征求班主任、学生的意见和建议，联系和协调相关工作	班主任：负责落实本班学生工作内容执行、学生管理、分工、协调合作
	实施组	由学管部制订学期劳动计划表	
	后勤物资组	组织全体学生讨论，充分收集、整理意见和建议，根据活动的需要制定方案，并做好预算	
	安全保障组	向学校安稳办进行工作报备，并在学校安稳办指导下拟定《实践活动安全事项承诺书》；组织全班学生学习安全注意事项；负责活动过程中的安全隐患排查，及时发现、提醒、告诫、制止安全问题	
	宣传编辑组	及时撰写宣传稿件,组织主题班会;将总结和简报报校团委审核、存档，报学校办公室进行宣传报道	

2. 安全保障

科学评估劳动实践活动中的安全风险，排查实践活动中的安全隐患，在活动流程、学生身体健康状况等方面制定安全、科学的操作规范。

活动实施

1. 学生在教师指导下填写学期劳动计划表（见下表）

学期劳动计划表

事　　项	第一月	第二月	第三月	第四月	第五月
活动主题					
活动目标					
完成时间					

续表

事　项	第一月	第二月	第三月	第四月	第五月
活动内容（包括每个活动的详细内容）					
活动场地					
活动组织部门					
活动注意事项					

2. 总结与反思

（1）班主任组织学生开展讨论、自评、总结，并形成文字汇报材料。

（2）全体学生可对其他学生的学期劳动计划表进行评价和建议。

（3）班主任评选出优秀学期劳动计划表。

（4）班主任对本次活动进行总体评价。

（5）每个学生都独立撰写活动感悟。

（6）相关材料交学校学管部存档。

活动体会

你的收获：_____

_____

_____

_____

_____

你的感悟：_____

_____

_____

_____

_____

改进措施：_____

_____

_____

_____

活动评估

评价项目	评价主体		
	自我评价	小组评价	教师评价
劳动观念			
劳动态度			
劳动情感			
劳动精神			
劳动习惯			
劳动素养			

注：评价等级为 A—优秀，B—良好，C—合格，D—不合格。

主题 2

职业体验

职业体验是职业规划中的一部分，通过认识和了解行业、职业及专业，厘清目标职业的工作内容、社会需求、职业环境，可以帮助确立职业目标、制定职业规划、培养职业兴趣，从而形成正确的职业观念和人生追求，为职业生涯发展奠定基础。

一、行业

行业是指在社会生产生活中，根据生产者创造的劳动产品、提供的劳动服务，以及其他相似性、社会性服务和相似工艺流程而划分的经济活动类别，如石化行业、IT行业、饮食行业、服装行业、机械（或装备）制造行业、金融行业、汽车行业等。

行业划分可大可小。比如，石化行业，从大的角度，包括石油、天然气从勘探开发到销售使用上下游的全过程；从小的角度还可以细分，上游一般叫作石油（开发）行业、下游叫作炼化行业等。又比如，从更大的角度划分，机械（装备）制造行业与炼化行业均可以划分到制造业中，因为前者是机械制造，后者是过程产品制造。

如果想了解一个企业或单位，不仅要了解其在大行业中的划分，更重要的是要了解更细致的行业划分。随着社会的发展，行业划分也在演变，但无论怎样划分，目的都是为了区分其在经济活动中的不同属性。

根据国民经济行业分类与代码（GB/T 4754—2017），我国国民经济行业分类见下表。

我国国民经济行业分类

代码	行业名称	代码	行业名称
A	农、林、牧、渔业	K	房地产业
B	采矿业	L	租赁和商务服务业
C	制造业	M	科学研究和技术服务业
D	电力、热力、燃气及水生产和供应业	N	水利、环境和公共设施管理业
E	建筑业	O	居民服务、修理和其他服务业
F	批发和零售业	P	教育
G	交通运输、仓储和邮政业	Q	卫生和社会工作
H	住宿和餐饮业	R	文化、体育和娱乐业
I	信息传输、软件和信息技术服务业	S	公共管理、社会保障和社会组织
J	金融业	T	国际组织

二、职业

职业即个人所从事的，服务于社会并作为主要生活来源的工作。根据《中华人民共和国职业分类大典》，我国的职业归为 8 个大类，包括 79 个中类、450 个小类、1639 个细类（职业）和 2967 个工种，具体见下表。

职业分类大典简表（2022 版）

大类	中类	小类	细类（职业）	工种
党的机关、国家机关、群众团体和社会组织、企事业单位负责人	6	16	25	
专业技术人员	11	125	492	
办事人员和有关人员	4	12	36	24
社会生产服务和生活服务人员	15	96	356	460
农、林、牧、渔业生产及辅助人员	6	24	54	150
生产制造及有关人员	32	172	671	2333
军队人员	4	4	4	
不便分类的其他从业人员	1	1	1	
合计	79	450	1639	2967

职业作为人类生存和生活的基础和载体，既是社会分工的产物，也是人类社会得以运转的基石。通过职业活动，人们能够在社会中相互联系并和谐共存。因此，对每个人来说，理解职业及其相关的知识和技能都是非常重要的。

三、专业

专业是根据社会工作领域需求划分的学科类别，它随着社会需求的改变而改变。我们可以看到，上述定义中包含两个关键点：社会需求和学科类别。为了培养出适合社会需求的人才，在设置专业的时候必须先考虑该专业对社会需求的填补，然后才能够依托其相关学科来组织设置课程系统，以达到培养合适的人才的目的。因此，如果学校是人才的提供者，社会是人才的需求者，那么专业就是人才提供与需求的连接点。

在对"专业"一词的理解上，不同地区存在显著差异。欧美国家普遍认为，一个专业就是无数种学科课程的组合，归纳在一起即是特定的课程计划，这些课程可能不归属于统一学科，只要具有一定的逻辑关系即可，相当于一个精心制订的培训计划，它的设置不取决于被培养人的知识水平和认知能力，通常取决于社会对某一行业或职业的需求，以及学校是否具有开设该专业的能力。只要学校能够提供所需的课程组合，并且社会有这方面的需求，就可以设立新的专业；不同专业之间的界限相对较为模糊，学生可以自由地转换专业。

而在中国及苏联等国家，专业的划分具备强烈的管理功能，对高等学校培养人才的计划和方案都有详细的规定。因此，当市场需求发生变化时，需要政府部门对整个学科进行专业化的调整来适应。这种对专业的调控方式具有一定的难度，因此不同专业之间的界限也较为分明。

怀匠心

梁攀：从中考落榜生到世界冠军

"你们见过电路发脾气吗？"见到重庆铁路运输技师学院的教练梁攀时，他正在工作室里忙活，拿着电烙铁在10厘米见方的电路板上点点画画，一边向身旁的学员解释：操作稍有不慎，轻则造成电阻、电容等小元器件短路或断路，重则整块电路板都可能瘫痪。不过，在梁攀的手上，再复杂的电路板也只能"没脾气"。作为第45届世界技能大赛电子技术项目冠军，这个大男孩对电子技术满怀激情与热爱，有着属于自己的自信。

谁能想到，仅仅在9年前，这样的自信在梁攀身上还难觅踪影。

彼时的梁攀，中考失利，没能考上理想的高中；爸爸生病需要照顾、治疗，他选择进城打工，以减轻家庭负担。他跟着亲戚在工地上搬过砖，在餐馆里端过盘子，在商场里发过传单，后来又走进了电子厂的流水线。在电子厂里，他在看技术工人熟练地操作机器生产产品时入了迷。那一瞬间，学技术的念头在梁攀心里生根发芽。"打工经历让我成长了很多，最大的收获就是懂得了没点技能是不行的。"他随即做出一个决定——到技工学校"充电"。

重回校园的梁攀，比以前更加珍惜学习机会。电机电器装配与维修专业的实操课程分为上午班和下午班，学生按课表只需上半天课，他却从来都是上一整天，通过旁听"蹭"课不断提升自己的知识水平和技能。很快，各项成绩优异的梁攀得到了入选校竞赛集训队的机会。在代表学校参加市级比赛获奖后，他顺利入选重庆集训队，专攻电子技术项目，为冲刺世界技能大赛全国选拔赛做准备。

每两年一届的世界技能大赛，被誉为"世界技能奥林匹克"，中国队从未在电子技术项目上拿到过金牌。为什么梁攀要选择这个"难啃的骨头"？他的回答是，"因为热爱"。他从小就喜欢动手制作，着迷于各种各样的电子产品，中学时还制作过简易的手摇式发电机，给灯泡供电。2016年夏天，对19岁的梁攀来说格外难忘。时值暑假，同学们都放假了，梁攀顶着40摄氏度的高温，留守在没有空调的实训基地。起初，他的动作不熟练，电烙铁容易杵到手上，烫出了水泡，他就赶紧跑到卫生间用凉水冲一冲，再继续抓紧练习……

遗憾的是，在那一年的世界技能大赛国家集训队的"五进二"比赛中，梁攀以第三名落选，只能随团去第44届世界技能大赛现场观摩，中国选手在电子技术项目上再次止步于优胜奖。观众席上的梁攀心潮起伏，暗下决心："下一届，我一定要破零，为中国队拿个金牌！"

但这谈何容易。工匠技艺的比拼要求精确，差之毫厘就会谬以千里。随着技术的不断进步，比赛内容也会随之调整，其中仅电子技术项目就分为硬件设计、嵌入式程序设计和故障维修与记录三个模块，考核选手的设计、仿真、程序编写、焊接等综合能力，评分细则多达上百条。竞赛资料全是英文的，阅读和理解难度很大，梁攀就在翻译教师的帮助下硬啃"天书"，反复求教。比赛用的电路板上密密麻麻地分布着200多个点位，必须用电烙铁将每个点位都焊上锡，他就反复练习、精益求精，将焊接时间从两三个小时压缩到一个小时……

五年磨一剑，不负有心人。2019年8月，在俄罗斯喀山举行的第45届世界技能大赛上，梁攀凭借精湛的技术、出色的发挥站上领奖台，为中国队捧回电子技术项目的首枚金牌。2021年5月，他被授予第25届"中国青年五四奖章"。

成为世界冠军后，许多企业向梁攀抛出橄榄枝，但他坚持留校任教，成为重庆集训基地最年轻的教练。"一切手工技艺，皆由口传心授。"梁攀说，他希望继续精进专业，以身示范，帮助更多的技校学生实现梦想，培养更多技能工匠人才。

（资料来源：新华网。）

想一想

梁攀从一个中考落榜生逆袭为第45届世界技能大赛电子技术项目冠军，靠的是什么呢？

_____
_____
_____
_____
_____
_____

铸匠魂

工匠精神要素1：爱岗敬业

爱岗敬业是爱岗和敬业的总称。爱岗指的是热爱自己的岗位。常言道："干一行，爱一行，专一行，精一行"。爱岗要求工作者以积极的态度从事自己职业劳动，对所从事的工作充满幸福感和荣誉感。敬业指的是严格恪守职业道德，用严谨、认真的态度对待自己的工作。敬业要求工作者用心专一地做好本职工作，在平凡的岗位上发光发亮。

爱岗和敬业，互为前提，相辅相成。爱岗是敬业的基石，敬业是爱岗的升华。爱岗敬业，就是要求工作者对自己的工作认真、专业、负责，为实现职业目标而不懈奋斗。

"最美教师""最美铁路人""最美环卫工""最美快递员""最美医生"等称号的诞生，无不意味着普通人用责任诠释出爱岗敬业之美。如果工作者看不起自己所从事的职业，眼高手低、心浮气躁，就违背了职业道德，也失去了自身发展的机会。

工匠精神要素2：诚实守信

诚实守信即诚信。国与国、人与人之间的交往都建立在诚信的基础之上。孔子认为，诚信是安身立命的基础，"人而无信，不知其可也"；孟子将诚信视为天道人伦的法则，"诚者，天之道也。思诚者，人之道也"。

中国古代有商鞅"徙木立信"的佳话，也有周幽王"烽火戏诸侯"的恶果。当下，"油条哥"刘洪安、"烈士陵园守护人"陈俊贵、"红色宣传员"谢立亭等诚实守信的道德模范，生动展现了当代中国人诚实守信的精神面貌。不管岁月如何变迁，诚信永远是行为规范的道德品质，永远是为人处世的道德标尺。

古人云，"人无信不立，业无信不兴，国无信不强"。诚信不仅是中华民族的传统美德，也是中华民族兴旺强盛的巨大能量。我们要进一步加强诚信建设，让世界看到中国的诚信底色，让诚信落地生根、枝繁叶茂。

工匠精神要素3：艰苦奋斗

艰苦奋斗指的是不怕任何艰难困苦，不管在多恶劣的条件下都竭尽全力努力工作。艰苦奋斗是中华民族的传统美德，是共产党人的政治本色，也是兴党强国的重要法宝。中国的兴旺昌盛离不开一代代人的艰苦奋斗。夸父追日、精卫填海、愚公移山等神话故事，无不表达着艰苦奋斗的精神；万里长城、三峡大坝、港珠澳大桥等巨大工程，都是中国人民艰苦奋斗的历史凭证。

与过去相比，现在的物质条件、生活环境越来越好，但不论国家发展到什么水平，我们都依然要坚持艰苦奋斗、勤俭节约，要牢记"奢靡之始，危亡之渐"。新时代为艰苦奋斗精神赋予了更深层的含义，它是奋发向前的精神动力，是百折不挠的坚强意志，是开拓进取的精神状态，是兢兢业业的工作态度，是锲而不舍的坚韧毅力。

工匠精神要素4：持之以恒

持之以恒指的是有恒心地坚持下去。荀子曾在《劝学》中告诫人们："不积跬步，无以至千里；不积小流，无以成江海。骐骥一跃，不能十步；驽马十驾，功在不舍。锲而舍之，朽木不折；锲而不舍，金石可镂。"

做事情应当有持之以恒的精神，不轻言放弃，能够坚持到最后的人，终将到达成功的彼岸。在从事某项职业劳动时，应当掌握相关的专业技能，都有一个日积月累的学习过程，唯有刻苦用功、持之以恒，才能胜任工作岗位。

持之以恒是实现成功的不二法门。通过脚踏实地、明确目标、坚持不懈、积少成多和不断反思，最终能超越自我。

"水滴石穿，绳锯木断。"持之以恒好比滴水穿石，一滴滴不起眼的水珠，经过长时间的反复摩擦，就能产生惊人的力量；又好比一根细弱的绳子，经过长时间的拉扯，最终锯断牢固的木头。在抵达终点的道路上，我们要坚持不懈地向前行进，只有持之以恒，才能走向理想的未来。

议一议

通过对以上内容的学习，你最深刻的认识是：

_____
_____
_____
_____
_____
_____

守匠情

活动1：生涯人物访谈

职业生涯是指一个人从事职业过程中发生的一系列变化与发展。它包含两个部分，一是认知，即在职业生涯中，必须了解自己的优势与劣势，以及行业、企业、岗位的具体要求；二是行动，即在"知己知彼"的基础上，需要自行确定职业生涯的发展目标和行动计划。每个职业人都有属于自己的职业生涯，从职场菜鸟到职场大佬，会经历"新手—熟手—老手—能手"的发展历程，每个人都有属于自己的生涯目标与规划。

《礼记·中庸》中提道："凡事预则立，不预则废。言前定则不跲，事前定则不困，行前订则不疚，道前定则不穷。"就是说，对于任何事情，一定要先做好准备，才可以成功，没有准备，就会失败。行动之前一定要有计划，就不会发生错误或后悔的事。

职业生涯正是如此。在职业生涯早期，你也许会遇到困难、挫折、失败，甚至磨难，但是只要向着终极目标努力，就一定会实现自我突破。当然，成功的人大多在成功的路上经历了无数次的修正与改进。因此，生涯要规划，更要经营，经营即为修正与改进。

在职业劳动过程中，外在环境随着社会的发展而改变，我们自身的心境也发生着改变。因此，当在从事职业时，我们应更多地关注自身与环境的发展，不应故步自封、一成不变。我们最初设定的目标和规划，也许并不符合社会和行业的发展，那么该如何进行修正与改进呢？

我们一起来完成一次生涯人物访谈，进一步认知职业。

访谈准备：录音笔（手机录音软件）、纸张、签字笔等。

现在，大家可以根据自己的意愿或教师的安排完成分组，每个小组 3~4 人，共同确定一位职业生涯人物。该生涯人物可以是企业的管理人员、一线工作人员，也可以是学校的专业任课教师，还可以是学校已毕业的师兄、师姐。我们首先从岗位所需任职资格、岗位所需技能、行业市场前景、工作环境、工作感受、工作满意度、薪酬福利等方面设计并确定访谈的具体问题，完成下表；然后与生涯人物约定访谈的地点和时间，完成访谈。

生涯人物访谈·职业认知

生涯人物姓名		生涯人物岗位	
生涯人物的 工作内容		生涯人物所在岗位的 任职资格	
访谈基本问题			
1			
2			
3			
4			
5			
6			
7			

最后，各个小组进行访谈结果分析，整理形成一篇"生涯人物访谈报告"，并展开小组间的交流。

活动 2：一分钟职业畅想

随着人类文明的不断发展，层出不穷的职业持续涌现。职业不分好坏，每种职业都蕴含着不同的人生。职业奠定了人生成长道路的底色。具有正确的职业认知，选择合适的职业道路，确定具体的职业目标对学生未来的成长之路有着极其重要的作用。确立适合自身的职业发展方向至关重要，不同的职业意味着不同的成长机会和空间。在职业认知中，具有正确的态度、明确职业责任、了解组织体系是核心环节，将对学生未来的职业生涯奠定基础。

许多职场小白时常会疑惑自身的职业方向与目标到底在哪里，这是职业认知不够清晰导致的徘徊和迷茫。职业认知可以帮助学生在未来职场中明确方向和目标，同时可以有效规划职业生涯，促进职场成长与发展。职业认知是指个体在职业范围内形成的知识、信念、情感和态度的综合反映。它是从业者与职业之间的一种综合社会认知关系，是对职业、职业身份和职业各方面知识的有意识的认识，包括知觉概念、职业态度和职业行为。

今天我们一起来做一个关于职业认知的游戏——一分钟职业畅想。

请同学们准备一张白纸、一支笔，在一分钟的时间内，以"我希望工作……"的句式对自己期望的职业状态进行描述，请将内心最强烈的想法以短语的形式写出来，在规定时间内，尽可能多地写下头脑中所畅想的状态。

写完后，同学们可以思考两个问题：第一，你在工作中寻找的是什么？第二，你判断工作"好"与"坏"的标准是什么？思考完毕后，与全班同学进行分享。

谈一谈

做完这个游戏后，你的感悟是：

_____
_____
_____
_____
_____

践匠行

测一测

根据自己的实际情况针对下表中的 16 个问题进行填写。"非常不符合"计 1 分，"比较不符合"计 2 分，"一般"计 3 分，"比较符合"计 4 分，"非常符合"计 5 分。总分 70～80 分为优，49～64 分为良，17～48 分为中，1～16 分为差。

职业意识测试

序号	问题	非常不符合	比较不符合	一般	比较符合	非常符合
1	我清楚知道未来将从事什么职业					
2	我清楚知道未来要从事的职业内容、工作环境和方式					
3	我清楚知道胜任未来的工作需要付出什么					
4	我清楚知道未来职业的发展方向					
5	我现在选择的职业方向是我一直所期待的					
6	我现在学习的动力就是为了将来能更好地从事我的职业					
7	想到我所选择的职业，我的学习和生活就充满了激情和活力					
8	我希望能通过我所选择的职业创造和获得价值					
9	我愿意为了我所选择的专业努力付出					

续表

序号	问题	非常不符合	比较不符合	一般	比较符合	非常符合
10	我坚定地认为我将从事的职业是具有非常大价值的					
11	未来工作后遇到困难还是会一直坚持下去					
12	我希望把我现在选择的专业作为一生的职业					
13	我认为在校的学习、实训和我预期是一致的					
14	我会经常向别人介绍自己以后的职业					
15	我为毕业后能从事现在所学的专业感到开心					
16	家人、朋友们为我以后从事的职业感到自豪					

（资料来源：白钰. 中等职业学校学生职业意识研究[D]. 天津大学，2021。）

填一填

通过前面的学习、探究、体验、活动，本次测试结果为：＿＿＿＿＿＿＿

针对本次测试结果，围绕职业认识、职业理想、职业信念、职业情感四个方面，想一想自己今后应该怎么做。

职业认识：＿＿＿＿＿＿＿＿＿＿＿＿＿＿＿＿＿＿＿＿＿＿＿＿＿＿＿＿＿＿＿

职业理想：＿＿＿＿＿＿＿＿＿＿＿＿＿＿＿＿＿＿＿＿＿＿＿＿＿＿＿＿＿＿＿

职业信念：＿＿＿＿＿＿＿＿＿＿＿＿＿＿＿＿＿＿＿＿＿＿＿＿＿＿＿＿＿＿＿

职业情感：_____
_____
_____
_____
_____

实践活动 ② "简"出风采，"历"经未来

活动目标

1. 在制作个人简历的过程中，感受职业的特点。
2. 了解制作个人简历的重要性，提高就业竞争力。
3. 懂得客观认识自我，培养健全的自我意识。

活动准备

1. 培训学习

在教师的指导下，联系当地企业的人力资源顾问，邀请他们以网络连线的方式引导学生了解个人简历的重要性。班主任邀请本校招生就业处教师和平面设计教师，指导学生制作个人简历，明确劳动任务。

个人简历加分小技巧

个人简历是关于个人教育背景、学习经历、兴趣爱好、特长及其他有关情况简明扼要的书面介绍，是求职者成功入职的"敲门砖"。一般而言，用人单位通过个人简历进行初步筛选，选出符合招聘岗位的人选，再进行面试邀约。一份让HR（人力资源顾问）"眼前一亮"的个人简历应具备以下特点。

1．排版整洁，布局合理

排版简洁大方，布局合理，有关个人的重要信息一目了然，内容应控制在一页A4纸内。

2．重点突出，针对性强

个人简历中的求职意向非常重要。在制作个人简历前，要仔细查看企业招聘岗位的

描述，根据岗位要求有针对性地制作个人简历，增加与岗位要求相关的关键词，可提高简历通过率。

3．逻辑合理，内容真实

个人简历内容要注意前后逻辑一致，在保证内容真实的情况下，可适当进行优化，切忌过分包装和撰写虚假内容。

4．文字精简，避免口语化

个人简历用词应避免口语化，制作完成后，检查措辞用语，注意精简语言。

（资料来源：国家大学生就业服务平台资讯号。）

2. 联络沟通

班、团干部事先联系学校安稳办、校团委（安全管理部门），汇报本次活动的目的、意义、安全预案，以得到学校安稳办、校团委的同意、支持和帮助。联系当地企业的人力资源顾问、招生就业处教师和平面设计教师，征得对方同意，并确定活动时间。

3. 人员分工

根据活动分组分工表（见下表）安排活动任务。

活动分组分工表

组织设置		工作内容	岗位职责
领导组		由班长、团支书、宣传委员组成，推选出组长和副组长各一名；全面统筹活动工作	组长：联系、协调 副组长：协助组长管理、监督活动，推进任务
工作组	策划协调组	负责策划活动，收集全班学生能联系到的周边企业人力资源顾问相关信息，联系和协调相关工作，确定参与活动的人力资源顾问人选，并报教师和学校审核，设计、整理、宣传方案等	组长：负责落实本组工作内容执行、组员管理、组内分工、组间协调合作 组员：服从组长管理，自觉遵守活动纪律，积极参与活动，在活动中团结协作
	整理实施组	全班学生参与，整理关于个人简历制作的疑难点，人力资源顾问的解答，招生就业处教师、平面设计教师讲解的有关简历制作的加分技巧等，并整理为文字资料，作为信息存档	
	网络信息组	活动在机房进行，提前与负责机房的教师联系，确保网络畅通，学生计算机都能联网且已安装 WPS 或 Office 办公软件	
	后勤保障组	组织全班学生讨论，充分收集、整理意见和建议，并做好预算；经费向校团委申请，或各组员自愿出资；要注意节约、朴素，注重环保；布置好活动场地，负责活动的收尾工作	
	安全保障组	向学校安稳办报备，并在学校安稳办指导下拟定《活动安全事项承诺书》，组织全班学生学习安全注意事项，负责活动过程中的安全隐患排查，及时发现、提醒、告诫、制止安全问题	
	宣传编辑组	及时撰写宣传稿件，组织主题班会，进行活动总结并进行点评；拍摄活动照片；活动结束后将总结和简报报校团委审核、存档，报学校办公室进行宣传报道	

4. 安全事项

（1）组织全班学生学习学校安全管理规定，学习记录留存备查。

（2）提前向学校管理部门报备"活动策划方案""活动安全预案申报表"，进一步明确组织安排、人员分工、活动流程和安全责任；拟定《活动安全事项承诺书》，每位学生签字后留存备查。

5. 物资准备

每个学生配备一台可联网、已装有 WPS 或 Office 办公软件的计算机；准备活动宣传横幅、投影设备和摄影器材；秉持勤俭节约的原则，购买奖品。

6. 场地准备

活动场地安排在机房。活动前应与负责机房的教师沟通，确定活动时间、活动方式和内容，并保证活动中网络连接畅通。

活动实施

1. 精心准备

组织召开班、团干部会议，明确活动目的和意义。收集学生意见和建议，整理归纳后召开一次主题班会，确认邀请的人力资源顾问、招生就业处教师和平面设计教师，明确人员分工和任务，各组做好活动准备工作。

2. 制作个人简历

（1）参加活动的学生有序进入机房就座。由负责教师做动员讲话，强调纪律、安全、爱护公物等注意事项，整理实施组全程维持活动中的纪律。

（2）领导组组长介绍邀请到的人力资源顾问、招生就业处教师和平面设计教师。

（3）由邀请的人力资源顾问进行网络直播，整理实施组对学生的提问和人力资源顾问的解答进行文字记录。

（4）由招生就业处教师详细介绍专业所学内容、所需技能、未来可能的工作岗位，并提出希望和期待。

（5）在班主任的指导下，全班学生上网搜集与自己专业契合的工作岗位，并以小组为单位对搜集到的内容进行整理，引导学生结合自己的专业特长、兴趣爱好选择适当的工作岗位。小组长指定代表进行汇报。

（6）以小组为单位进行个人简历制作。在简历制作过程中，平面设计教师负责指导排版布局，班主任指导简历用语。

（7）活动结束后，班主任对邀请的各位顾问和教师表示感谢；小组推选出本组优秀简历，全班推选出班级最优简历，班主任对优秀简历进行现场点评，并颁发奖品。

（8）全体学生有序离开机房，整理实施组负责散场整理、保管归还和归位清洁工作。

3. 总结与反思

（1）班主任展示部分优秀作品，并请学生以小组为单位思考并交流，这些优秀作品的共性在哪里。

（2）班主任根据学生的回答，总结提炼制作个人简历的要点，以及制作个人简历的重要性。

（3）每个学生都独立撰写活动感悟，班主任和宣传编辑组共同选出优秀的活动感悟并发布在学校微信公众号上。

活动体会

你的收获：_____
_____
_____
_____
_____

你的感悟：_____
_____
_____
_____
_____

改进措施：_____
_____
_____
_____
_____

活动评估

评价项目	评价主体		
	自我评价	小组评价	教师评价
劳动观念			

续表

评价项目	评价主体		
	自我评价	小组评价	教师评价
劳动态度			
劳动情感			
劳动精神			
劳动习惯			
劳动素养			

注：评价等级为 A—优秀，B—良好，C—合格，D—不合格。

第二单元

端正劳动态度　明确职业方向

全社会要崇尚劳动、见贤思齐，加大对劳动模范和先进工作者的宣传力度，讲好劳模故事、讲好劳动故事、讲好工匠故事，弘扬劳动最光荣、劳动最崇高、劳动最伟大、劳动最美丽的社会风尚。要开展以劳动创造幸福为主题的宣传教育，把劳动教育纳入人才培养全过程，贯通大中小学各学段和家庭、学校、社会各方面，教育引导青少年树立以辛勤劳动为荣、以好逸恶劳为耻的劳动观，培养一代又一代热爱劳动、勤于劳动、善于劳动的高素质劳动者。

——摘自 2020 年 11 月 24 日，习近平在全国劳动模范和先进工作者表彰大会上的讲话

学习目标

1. 了解劳动形态的演化，掌握劳动的分类和特点。
2. 知行合一，体验劳动，掌握职业定位的原则和方法。
3. 树立积极的劳动态度，弘扬热爱劳动的美德。

课程思政

思政教学要点

社会主义荣辱观

知行合一的认识论和实践论

思政教学内容

以辛勤劳动为荣、以好逸恶劳为耻的社会主义荣辱观

知是行之始，行是知之成

思政教学设计

劳动观是人们对劳动的根本看法。以辛勤劳动为荣，以好逸恶劳为耻，是社会主义荣辱观的重要内容，也是世界观、人生观、价值观的具体体现。"历览前贤国与家，成由勤俭败由奢"，明荣辱、正是非，才是正确的劳动观念和态度。认识劳动是基础，实践是重点，只有以知促行，以行促知，做到知行合一，才能实现劳动的价值。

本单元重点学习劳动形态的演化、特点、分类，职业定位的作用、内容、原则、方法等内容。结合本单元实践活动，通过任务分配、分组合作，激发学生用劳动创建美丽校园的热情；通过走进工作场所，进行职场角色扮演，让学生体验岗位，了解职业的多样性和劳动的多样性。最后，结合自身专业，增强学生对职业的认知和岗位工作内容的理解，初步明确职业定位，确立学习志向。

社会主义是干出来的，新时代是奋斗出来的。中华民族具有崇尚劳动、勤于劳动的传统美德。古人辛勤苦干，创造了丰富多彩的历史瑰宝；现代科学家勤恳巧干，实现了神话传说中的"上天入地"。社会主义劳动只有类别之分，没有高低贵贱之别。身在田间地头，就要精心耕作，努力获得丰收；身在工厂车间，就要精心打磨每一个零部件，生产优质产品；身在高楼大厦，就要潜心工作，一心一意为人民服务。每个人都要时刻牢记空谈误国、实干兴邦，坚定信心、同心同德，埋头苦干、奋勇前进，创造劳动价值，创造真正的人生幸福。

主题 1

体 验 劳 动

劳动之魂

伍洪章：勇当尖兵，树铁路榜样

新时代铁路榜样伍洪章，是中国铁路成都局集团有限公司重庆西车辆段货车检车员，曾获全国五一劳动奖章、全国劳动模范、"铁路工匠"、重庆市五一劳动奖章、铁路成都局集团公司优秀共产党员等众多荣誉，在这背后是上百双穿烂的胶鞋和上千双磨破的手套。

一把检车锤、一支手电筒、一件黄马夹，浸透着他的心血与汗水，见证了他追逐梦想的历程，记录着他奋斗历程中的动人故事，演绎着他 27 载风雨历程。他用坚守和实干书写着人生，更用不知疲倦的脚步丈量着新时代铁路改革的发展历程，展示着新时代铁路车辆人的别样风采。

现场检车是全天候露天作业，伍洪章坚持标准十年如一日，无论风霜雪雨，还是高温酷暑，规定步伐一步不乱，手部动作一丝不差，从而练就了一身高超的技艺；面对车辆技术快速变革，他坚持学习，埋头钻研到深夜，查阅资料，探索方法，对比故障，透彻分析。工作至今，他已安全检车 30 多万辆，发现典型故障 300 多次，带头解决安全技术难题 10 余个，形成"车钩五步分解"等 7 项工作法，先后参加 30 多次大型技能竞赛并夺冠 10 次，成为车辆段货车运用检车领域学技练功的领头人。

2011 年 3 月，首趟中欧班列（重庆）开行，伍洪章率领党员突击队冒雨检查列车，被前来采访的中央电视台记者记录下来，这支"特种部队"从此被全国观众知晓。通过努力，伍洪章成为车辆段重点列车运输保障和车辆事故调查救援的技术骨干，经常承担一些急难险重任务。

2016 年 6 月，重庆持续高温，班组的部分老职工出现身体不适等问题。在酷暑时段，一旦发现老职工吃不消时，伍洪章就帮他们在 40 多摄氏度的现场检车作业，一个夏天就顶班超过 10 余次。既要履行班组长的职责，又要照顾老职工，他毫无怨言，从不言悔；在车间搬迁至兴隆场期间，没有休过一天假。

2018 年 10 月 17 日凌晨，正在家中照顾生病的女儿的伍洪章接到车间电话，需要马上执行一趟重点班列任务。伍洪章虽然不放心女儿，但思虑再三还是赶到了单位，第二天清晨完成任务后才回家。

8年多来，伍洪章作为作业组长，先后带领车间技术骨干承担重点运输任务，检车120余次，参与车辆故障和行车信息调查处理300多起，带队为100余列中欧班列（重庆）提供安全保障，先后牵头开展应急救援演练培训12次，成为该车辆段最值得信赖的技术领军人物。

伍洪章认为，新时期工匠精神离不开技能传承，他积极开展"传帮带"，努力做好青年职工的培养。

他通过摸索，采用自己总结的"一二三四"教学法、车辆配件标签教学法、微视频教学法、图片直观教学法等，先后培养出300多名优秀青工，其中已有9名晋升为班组工长，5名竞聘到管理岗位，为列车运行的安全保障充实了坚强的护航力量。

2018年4月，针对检车现场顶镐作业劳动强度大、故障处置效率低等问题，伍洪章利用业余时间自主钻研，通过查阅资料、现场调研、反复试验，历经近2个月时间，终于研发出一种小巧便携、使用简单的组合式镐座，使同类故障处理效率提升了75%，深受现场职工好评。

近年来，伍洪章围绕现场管理标准化、规范化建设，精心编制了现场检车标准化影像作业指导书，并在全段教学中推广。针对铁路货车运用中危及行车安全的故障，基于对应急处理、安全保障措施等的长期分析研判，他撰写了多篇技术论文，其中关于防止车辆人力制动机"三变一卡滞"的分析建议，受到了国家铁路集团公司和铁路成都局集团公司的高度重视。

20多年来，一把磨得发亮的检车锤、上百双穿烂的胶鞋、上千双磨破的手套，见证了伍洪章追逐梦想的历程，记录着他奋斗历程中的动人故事，浸润了他在数九寒天、烈日酷暑中履行共产党员承诺时的汗水。他用自己的实际行动诠释了新时期铁路车辆人的别样风采。

（资料来源：中工网。）

谈感受

通过学习全国劳动模范伍洪章的故事，你最深的印象是：

_____
_____
_____
_____
_____
_____

劳动之道

劳动，焕发新风貌

活动时间	_____年_____月_____日
活动地点	实训教室
活动准备	1．准备剪刀、牙剪、大齿梳、尖尾梳、剪发梳、滚梳、电动理发器、吹风机、毛巾、罩衣、毛刷、剃须刀等理发用具。 2．准备好洗发水、护发素、定型水等洗护用品。 3．准备必要的安全、卫生防护物资：口罩、创可贴、酒精、过氧化氢等。 4．准备好笔和笔记本，便于记录洗头、理发、护发、头部按摩等方面的要领、要点。 5．准备摄影、摄像设备，指定专人负责活动全过程的摄影、摄像。
活动目标	1．认知性目标：理解并掌握美容美发的操作要求和技术要领。 2．参与性目标：在美容美发劳动实践过程中，学会分工合作，为师生提供优质服务。 3．体验性目标：学以致用，帮助学生在劳动实践过程中提升自身专业技能，完善、升华专业知识。 4．技能性目标：掌握洗头、理发、护发、头部按摩等各项目的技术要领。 5．创造性目标：创造性地满足师生的个性化美容美发需求。
活动过程	1．将学生分成4组，分别负责洗头、理发、护发、头部按摩4个项目，每个项目均由专业的美容美发教师负责现场教学和指导。 2．各组教师带领学生做好个人卫生，清洁操作台，保证操作环境干净整洁。 3．各组教师向组内学生示范各自负责项目的操作要求、技术要领等；各组学生认真听讲，并做好必要的记录。 4．各组学生分工合作，为来美容美发实训基地理发、洗头的师生提供优质服务。 （1）严格遵循专业教师教授的操作要求进行服务，注意各环节的技术要领和细节。 （2）专业教师及时指出并纠正学生在操作过程中出现的问题，并示范正确的操作要求、操作方式。

续表

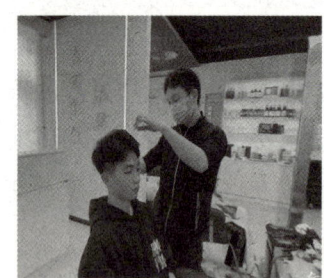

活动过程	（3）当前服务项目结束后，引导师生进入下一个服务项目；所有项目完成后，关注师生的感受，及时反馈师生提出的意见和建议。 （4）仔细观察其他学生的现场操作，认真听取专业教师的现场讲解，并做好记录。 5．各小组对本次活动进行讨论，由小组长代表小组发言，指出小组在活动过程中的优点和不足，并针对不足提出可实施的合理化建议。 6．专业教师代表对活动和学生的专业知识、专业技能进行点评。 7．班主任对本次活动进行总结性发言，感谢专业教师的辛勤付出，肯定学生在活动中展现的闪光点，对学生今后的发展提出希望。 8．劳动委员安排学生打扫美容美发实训基地卫生，将美容美发用具、用品归类后整齐存放。 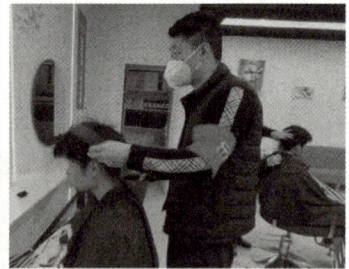 教师指导学生掌握美容美发的技术要领 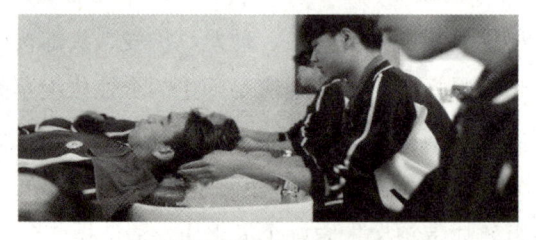 学生进行美容美发劳动实践

话感悟

通过本次"劳动，焕发新风貌"活动，你的感悟是：

_____

_____

_____

_____

_____

劳动之术

一、劳动形态的演化

劳动形态演化史是人类社会发展史的重要组成部分，它记录了人类在劳动过程中所经历的各个阶段。从人类诞生之初，劳动形态的演化就开始了。

在狩猎采集时代，人们过着以狩猎和采集为主要生产方式的生活。他们依靠狩猎和采集获取食物和资源，以满足自己的生存需求。

随着生产力的发展，人类逐渐进入农业时代，开始以种植和养殖为生产方式，逐渐实现了定居。农业时代的劳动形态以集体劳动和家庭劳动为主。

工业革命是近现代社会的重要历史事件，它标志着人类社会进入了工业时代。在这一时代，人们逐渐实现了从手工劳动到机器劳动的转变，劳动形态以劳动者分工和流水线作业为主，以提高生产效率。

信息时代的到来，使得人类社会产生了新的劳动形态。信息技术的发展和互联网的普及，使越来越多的人可以在家或办公室通过计算机完成工作。这种新型的劳动形态不仅提高了工作效率，还为劳动者提供了更加灵活的工作方式。

总之，人类通过不断改进劳动生产方式，实现了从低效到高效，从简单到复杂的劳动形态的转变。面向未来，随着科技的飞速发展，劳动形态还将不断地演化，为人们的工作和生活带来更多的便利和创新。

二、劳动形态新特点

现代社会，像导演这样专业性强、技术难度高的职业有很多。随着生产力的不断发展，社会分工越来越细，劳动形态也日益复杂，呈现了不同以往的特点。

1. 劳动的专业性不断提高

生产的发展、科技的进步带来的是对劳动专业性要求的不断提高。

2. 消费性劳动日益增多

以前，劳动几乎等于"生产劳动"。现在，消费性劳动的比重正日益增大，已经大大拓展了以"生产劳动"为主体的传统劳动概念。信息产业、文化产业等新兴劳动形态的不断涌现，催生出网络工程、程序设计、网页设计等新型劳动和职业。

3. 劳动的综合性程度加深

在当今的信息社会，劳动分工越精细，对不同劳动的协作要求就越高，许多劳动只有依靠科学技术的综合运用才能实现。随着复合型劳动的日益增多，社会对复合型人才的需求也日益迫切。

可见，无论是传统劳动还是新型劳动，简单劳动还是复杂劳动，生产性劳动还是消费性劳动，每种形态的劳动都有其独特的价值与意义。

三、劳动的分类

1. 体力劳动和脑力劳动

根据劳动所依靠的主要运动器官的不同，可以将劳动划分为体力劳动和脑力劳动。

随着时代的发展，人们对于脑力劳动的价值已经有了更加充分的认识和尊重。"尊重知识""尊重人才"已经成为全社会的共识。科学家、工程师、教师的社会地位日益提高。这些以从事脑力劳动为主的职业也成为越来越多年轻人的梦想。与此同时，体力劳动或以体力劳动为主的职业仍然在支撑社会生活、推动社会发展方面发挥着重要的、不可替代的作用。

随着社会的不断发展，劳动形态日益复杂多样，将某种职业或某种劳动简单地归为脑力劳动或体力劳动已经变得越来越难。一名科研人员的工作中也会包含重复的体力劳动，一位长期在车间工作的工人也可能有很多富有创造性的技巧和发明。未来体力劳动和脑力劳动的融合将成为趋势。

2. 家务劳动和职业劳动

在日常生活中，虽然还有许多劳动没有直接参与社会生产，却也为我们创造着舒适的生活条件和美好的生活环境。家务劳动就是其中最重要的一种。与职业劳动不同，家务劳动不是直接的社会生产活动，也不产生外显的经济价值。同时，家务劳动又以重复、简单的劳动居多。与职业劳动相比，家务劳动有时得不到应有的尊重。

随着社会分工的不断深化，职业劳动已经成为人类社会中不可或缺的一部分。职业劳动是指在特定领域内，通过使用特定的技能和知识，为了创造或提供某种产品或服务而进行的劳动。职业劳动是一个复杂的概念，它包括很多方面。首先，职业劳动需要一定的技能和知识，如技术技能、专业知识、管理技能等。其次，职业劳动需要一定的工作经验和能力，以便能够应对工作中的挑战。最后，职业劳动还需要良好的工作态度和责任心，以保证工作的质量和效率。通过职业劳动，我们可以为社会创造更多的价值和福利，为人类的探索和进步提供更多的机会和动力。

讲 感 触

通过对劳动分类的学习，你最深的体会是：

_____
_____
_____
_____

劳动之美

1. 阅读小故事

一 袋 花 生

小老鼠不爱劳动,大伙儿都叫他"让人讨厌的懒惰的小老鼠"。春暖花开,小老鼠在门口玩,一只乌龟背着一袋东西,吃力地走来。到了小老鼠跟前,乌龟放下袋子,说:"小老鼠,麻烦你了,亲戚送我一袋花生米,我家离这里还有好远,我实在背不动啦。我想先寄放在你家里,以后来取,行吗?"

"行!行!"小老鼠爽快地答应着,和乌龟一起把花生米抬进了屋里。

乌龟走了。小老鼠把鼻子凑到袋子上嗅嗅。啊,真香啊!他的口水顿时嘀嗒嘀嗒落下来。"不能馋,这是别人的东西,不能吃!"小老鼠打着自己的嘴巴说。可是口水一点儿也不听话,反而流得更多更快了。"唉,真没办法!"小老鼠打开袋子,吃了几粒花生米。

一天又一天,每天小老鼠都忍不住要吃花生米。终于有一天,花生只剩小半袋了,这时小老鼠慌了:"赶明儿乌龟来取,怎么还他呀?"小老鼠急得吃不香、睡不着,想呀想,唯一的办法就是快点儿把剩下的花生米种下,也许能够在乌龟来取之前收获花生,还给他。

于是,小老鼠在屋后开垦了一块地,播下了花生种子。在小老鼠的精心照料下,种子很快发芽,长苗,结果……成熟啦!小老鼠采收了花生,剥出花生米,把乌龟的袋子装得满满的,还剩下好多。"真香啊!"小老鼠吃着自己种出的花生米,好不开心,他想:"劳动真快乐,以后我还要种,种花生,种玉米、种土豆……"

就这样,不爱劳动的小老鼠变得爱劳动了。大家也不再叫他"让人讨厌的懒惰的小老鼠",而是亲切地改叫"讨人喜欢的勤劳的小老鼠"。

思考 《一袋花生》的故事给你哪些启示?通过劳动能使自己快乐吗?

_____
_____
_____
_____
_____

2. 欣赏影视剧

《青山不墨》是由李文歧执导,王洛勇、颜丹晨、李幼斌、于洋等领衔主演的当代农村剧。该剧于 2022 年 4 月 6 日在中央电视台综合频道首播,讲述以马永祥等人为代表的东北小兴安岭林区三代林业人的奋斗故事,分别以马永祥、郑毅、魏建中、华青为代表的林区工人、干部、知识分子和家属完成了由原始方式伐木到机械化木材生产的历史转变。在解放思想、大胆突破的林区改革时期，马永祥等人勇于探索、勇于突破，大胆闯出了一条林区发展的新路子，同时发展与保护的尖锐矛盾也摆到了他们面前。在令人痛彻心扉的林区危困转型时期，林业企业在"越穷越砍、越砍越穷"的怪圈里挣扎。在艰难境况下，马永祥等人在与超采、滥砍盗伐、毁林开荒现象的斗争中，完成了由伐树到护林育林的历史性转变，成为保护森林资源的新一代林业工人。伴随半个世纪的风云变幻，三代林业人浴火涅槃，小兴安岭林区吟唱着感动大青山的创业、改革、转型三部曲。

思考 该剧反映了新中国建设初期，林场工人为建设林场、建设新中国付出了艰辛的努力。作为当代青年，你在生态保护方面应该怎么做？

_____
_____
_____
_____
_____

3. 感悟艺术美

舞蹈作为一种艺术的表现形式，对我们的生活有着重要的意义，它不仅仅是一种娱乐活动，更是一种独特的语言，通过肢体动作的展示来表达人们内心的情感和思想。

以劳动为主题的舞蹈数不胜数，其中比较著名的有《劳动最光荣》《劳动协奏曲》《劳动小能手》《猎步舞》《栽竹舞》《插秧舞》《狩猎舞》《打铁舞》等。

2023年9月23日20时，杭州第19届亚运会开幕式在杭州奥体中心体育场震撼开场。作为开幕式仪式前表演的一部分，舞蹈《扬帆起航 鼓舞大海》精彩亮相，舟山市演职人员用饱含诚意的演出，将全场气氛推向高潮。

该节目时长4分钟，以传统船帆、舟山渔歌、舟山锣鼓及摇橹舞蹈为主要表现形式，展现了舟山渔民开船闹海、战风斗浪、喜庆丰收的情景。在表演中，号子头身穿特制的渔家服饰，在富有节奏感的渔鼓声中，带领船工唱渔工号子，同时，众人再现木帆船生产时的起锚、拔篷、摇橹、起舱等劳动场景，不禁让人想到渔民在风浪中劳作，一声呼、齐声应的情景。

思考 舞蹈《扬帆起航 鼓舞大海》体现了劳动人民的哪些智慧和优秀品质？

_____
_____
_____
_____
_____

实践活动 ① 设计劳动周实践活动

活动目标

1. 创建整洁、文明的校园环境，为和谐校园创造良好条件。
2. 调动学生的劳动热情，培养学生的爱校情感。
3. 帮助学生形成良好的劳动习惯、劳动品质，促进学生全面发展。

活动内容

围绕日常校园生活，开展劳动周实践活动，通过丰富多彩和身体力行的劳动体验，让学生动手实践、出力流汗，接受锻炼，磨炼意志，培养学生正确的劳动价值观和良好劳动品质。劳动周实践活动为每周安排一个班级的学生实施，活动具体内容如下。

1. 校园巡逻督促

在校内食堂、教学楼维持学生秩序，让就餐学生有序、文明用餐，避免学生在楼道里追打、推搡，进而造成拥挤、踩踏，确保学生有序离开教学楼；在校园公共区域巡逻，制止学生的一些不文明行为（如乱扔垃圾、随地吐痰等）。

2. 校园清洁卫生

清扫校内马路、人行道、操场等公共区域；清理花园、花坛内垃圾，拔除杂草；对一些死角、隐蔽区域，安排学生排查、打扫。

3. 宿舍清洁卫生

清洁宿舍楼楼道，擦拭楼梯扶手及楼层消火栓；清除宿舍楼里的卫生死角（如蜘蛛网、灰层等）。

4. 劳动周主题班会

基于以上任务的完成，班主任组织召开主题班会。各组长搜集劳动活动中的素材，通过 PPT 展示。各组员结合自身活动任务谈体会、讲感受，评选出优秀组员。班主任总结劳动周实践活动成果，让学生体会劳动的辛苦和快乐，培养吃苦耐劳、艰苦奋斗的精神，明白只有付出劳动和不懈努力才能有收获和实现梦想。

活动准备

1. 人员分工

根据活动分组分工表（见下表）安排活动任务。

活动分组分工表

组织设置		工作内容	岗位职责
领导组		由分管校长、学管部、后勤部、团委、劳动指导教师、班主任组成，分管校长担任组长，学管部、后勤部、团委相关负责人担任副组长，劳动指导教师、班主任为组员；全面统筹活动工作	组长：协调、落实安全保障等
工作组	策划协调组	学管部负责牵头策划活动，征求后勤服务人员、班主任、学生的意见和建议，联系和协调相关工作；设计活动方案、宣传方案等	组长：负责落实本组工作内容执行、组员管理、组内分工、组间协调合作 组员：服从组长管理，自觉遵守活动纪律，积极参与活动，在活动中团结协作
	实施组	每周安排一个班级的学生进行劳动周实践活动。将学生分为三个实施小组，分别为校园巡逻组、校园清洁组、宿舍卫生组。由劳动指导教师分别安排三个小组长；小组长组织本组学生进行劳动实践活动	
	后勤物资组	组织相关人员讨论，充分收集整理意见和建议，根据活动的需要制定方案，并做好预算；由后勤部统一购买劳动所需清洁用具、巡逻期间的袖标等物品；要注意节约、重复使用，注重环保，布置好活动场地，负责活动的收尾工作	
	安全保障组	向学校安稳办报备，并在学校安稳办指导下拟定《活动安全事项承诺书》，组织全班学生学习安全注意事项，负责活动过程中的安全隐患排查，及时发现、提醒、告诫、制止安全问题	
	宣传编辑组	搜集活动素材，撰写宣传稿件，组织主题班会，及时进行活动总结并进行点评；将总结和简报报校团委审核、存档，报学校办公室进行宣传报道	

2. 安全事项

（1）提前向学校管理部门报备"活动策划方案""活动安全预案申报表"，进一步明确组织安排、人员分工、活动流程和安全责任；拟定《活动安全事项承诺书》，每位学生签字后留存备查。

（2）组织开展劳动周实践活动要制定完备的活动方案和风险防控应急预案，科学评估劳动实践活动中的安全风险，排查劳动区域的安全隐患，在劳动工具使用、活动流程、学生身体健康状况等方面制定安全、科学的操作规范。

3. 物资准备

（1）活动宣传横幅。

（2）所需清洁物品和工具。

（3）摄影、摄像器材。

（4）应急医疗箱。

活动实施

1. 培训劳动技能

为学生示范如何使用扫帚、拖把等劳动工具，讲解在不同区域使用不同清洁工具，在区域内按一定顺序进行清扫。

2. 分组并划分区域

劳动指导教师对班级学生进行分组，并划分相应的负责区域。

3. 明确劳动完成标准

劳动指导教师引导学生按照劳动完成标准开展劳动周实践活动。

4. 分组实施

（1）校园巡逻组

① 巡逻食堂，在早、中、晚餐时间维持用餐秩序，督促学生文明用餐。

② 巡逻教学楼楼道，在下课和课间操时间引导学生有序离开，避免造成拥挤、踩踏。

③ 巡逻校园公共区域，制止学生的不文明行为，如乱扔垃圾、随地吐痰、男女学生举止亲密等。

（2）校园清洁组

① 清扫校内马路、人行道、操场等区域。

② 清除校内花坛、花园里的杂草及垃圾。

③ 打扫一些死角、隐蔽区域的清洁卫生。

（3）宿舍卫生组

① 清洁宿舍楼各楼层楼道。

② 擦拭宿舍楼内楼梯扶手及楼层消火栓。

③ 清理宿舍楼内的一些卫生死角。

5. 注意事项

在巡逻过程中一定要文明用语与学生沟通，发生学生不配合或不服管理时，应及时向劳动指导教师汇报，避免发生冲突。在使用清洁工具打扫校园时，严禁打闹嬉戏。在用抹布擦拭楼梯扶手、消火栓等地方时，避免配电箱、电源插座触碰到水而引起短路。

6. 总结与反思

各小组分别进行劳动周实践活动总结，召开主题班会进行分组汇报。

（1）小组长组织本小组学生展开讨论，进行自评、总结，并形成文字材料进行汇报。

（2）全体学生对其他小组的总结发言进行评价和建议。

（3）劳动指导教师评选出各小组优秀组员。

（4）班主任对本次活动进行总体评价。

（5）每个学生都独立撰写活动感悟。

（6）相关材料交学校学管部存档。

活动体会

你的收获：_____

_____

_____

_____

你的感悟：_____

_____

_____

_____

_____

改进措施：_____

_____

_____

_____

活动评估

评价项目	评价主体		
	自我评价	小组评价	教师评价
劳动观念			
劳动态度			
劳动情感			
劳动精神			
劳动习惯			
劳动素养			

注：评价等级为 A—优秀，B—良好，C—合格，D—不合格。

主题2 职业定位

职业定位是指人在职业生涯发展的过程中对自身职业的思考。具体来说，长期目标是确定一个人的职业类型；而短期目标则是明确自己当前所处的职业阶段对应的行业和职责，即自己在职场中应该扮演什么样的角色。

一、职业定位的作用

职业定位对个人的持久发展非常重要。当个人的职业定位与自身兴趣和能力相匹配时，更有可能长期从事喜欢并擅长的工作。这种职业满意度可以增强工作动力，提高积极性和投入程度，使个人更有可能在职业生涯中获得成功和成就感。通过了解自己的兴趣、价值观、技能和优势，个人可以找到最适合自己的职业领域，并为自己的职业发展设定明确的目标。

职业定位能够帮助个体认识自身的优势，集中个人的精力和时间去发展擅长的技能和领域，从而在某些方面达到"精"或"专"，而不是过于追求全方位发展。许多人涉足了许多领域，学到了很多知识，但他们的竞争力并不强，很难在职业生涯中实现自己的职业目标。因此，专注于一项技能或领域，并将其发展得越来越强大，是实现职业目标的关键。

职业定位可以使人朝着自己的目标不懈奋斗。有些人在选择职业时，盲目跟风，因此很容易受到外界的干扰和诱惑，这对自己的职业生涯发展非常不利。若能准确定位，就会理性地面对外界的诱惑，朝着既定目标不懈奋斗。

职业定位能使人高效找到合适自己的工作岗位，并能顺利发展。有些人在撰写个人简历和进行面试时，无法清晰的认识并介绍自己，导致面试官难以迅速了解他们；有些人职业方向不明确，使得企业无法委以重任；还有些人频繁跳槽，使得他人不敢积极提供帮助。

二、职业定位的内容

1. 找准定位，确定方向

在进行职业定位前，要明确兴趣与职业的关系，深入了解自己的价值观、兴趣和才能等，尽量使兴趣与职业相匹配。只有确定了职业方向，才能更好地发挥自身的潜力。

2. 梳理行业，看清趋势

当今社会复杂多变，行业的发展也会随着社会的变化而变化。我们不仅要通过报纸、杂志等渠道了解信息，更要依靠互联网等渠道，多方面、全方位地去了解行业形势和发展趋势。

3. 找准优势，补足差距

在职业定位中，认清自身优势不仅可以在与他人竞争时拉开差距，更可以帮助自己在职业生活中快速站稳脚跟。同时，也要注意自己的劣势在哪里，尽快找出解决问题的方法，才更有助于职业生涯的长足发展。

就自身而言，了解和分析的主要因素包括：

——我喜欢做什么（主要根据职业兴趣、职业价值观等判断）；

——我适合从事什么工作（主要根据性格、气质、天赋、才干，以及智商、情商等判断）；

——我擅长完成哪些工作（主要根据职业能力倾向判断，如言语表达能力、逻辑推理能力、数字运算能力等）；

——我能胜任哪些工作（主要根据掌握的专业知识和技能判断）。

三、职业定位的原则

1. 兴趣主导性

在职业定位之前，个人首先要考虑的就是自身对哪类职业更有兴趣。只有从事喜爱和感兴趣的工作，才能够持续体会到工作带来的乐趣，同时也能够很好地提升自己。因此，兴趣作为职业定位的首要原则是必须的。

2. 扬长避短性

在残酷的就业竞争环境中，个人需对自身的优缺点进行详细分析，通过与他人的对比，尽快明确自身的优缺点，从而在职业定位的基础上，按照扬长避短的原则与他人进行职业竞争。

3. 选择前瞻性

职业定位不是固定的、一成不变的，自身在未进入或已进入某一行业后都必须保证对职业选择的前瞻性。由于职业定位会随着社会的发展变化而变化，因此具备职业选择的前瞻能力，有助于在社会发展的洪流中适时调整自身的职业目标。

四、职业定位的方法

首先，全面的自我认知是职业定位的基础，这包括了解个人的核心价值观、动力系统、个性特点、天赋及个人优缺点。自我认知可以通过自我反思和自我探索来实现,也可以寻求他人的反馈或专业的心理测试来更准确地了解自己。

其次,充分了解各种职业的特性和要求是进行职业定位的关键,这包括了解职业的具体内容、知识要求、技能需求、经验要求、对个性的要求、工作环境及工作角色的定位等,可以通过查阅相关职业介绍和资料、咨询专业人士、参考行业内成功人士的经验等途径来实现。也可以通过实习、实践或参与相关活动,亲身体验不同职业的工作内容和环境。

最后,全面了解自身与职业要求的差距,这需要细致地对比各个方面存在的差距。个人可能存在多个职业目标,每个目标带来的优势和劣势各不相同。因此,需要根据自身特点仔细权衡选择不同目标的利弊得失,从而确定实现目标的方案。

怀匠心

程廉:文物修复映霞光

"余霞散成绮,澄江静如练。"日落时分,在晚霞余晖的映衬下,重庆红岩革命纪念馆庄严又肃穆。

走进纪念馆办公区内的修复室,看到正在工作的文物修复师程廉,一抹晚霞透过玻璃撒落在她的肩头。

程廉说:"我是重庆本地人,山城蕴含着厚重的历史文化,特别是红色革命文物更为丰富。我从1997年进入重庆歌乐山烈士陵园文物部,开始从事文物保护修复管理工作,至今已有24年了。"

说起文物修复,程廉最感激的人是母亲。母亲曾是重庆中国三峡博物馆的文物修复保护专家。幼时的程廉,经常看到母亲把一些废旧报纸、公文纸等带回家。母亲把它们撕成碎片,再把它们天衣无缝地黏合在一起。修复技术已经十分高超的母亲,还利用业余时间,训练自己修复旧物的技能,研究修复的技巧。顽皮的程廉拿过黏合好的报纸想找出之前被母亲撕开过的缝隙,找了很久都没有发现任何痕迹,便缠着母亲教她。此后,程廉经常入神地看母亲黏合报纸、布料等碎片,这为她将来走上文物修复的道路埋下了一颗种子。

程廉在真正走上文物修复之路时,才了解到其中的艰辛。

2002年,重庆歌乐山烈士陵园和红岩革命纪念馆两馆正处于"整合资源,连点成线"的筹备时期,程廉长时间忙碌,积劳成疾。入院治疗、休养期间,红岩革命纪念馆馆藏《棉花街壁报》等一批文物出现严重损坏,残破不堪,需要紧急进行抢救性修复,否则可能无法留存。得知这个情况后,程廉毅然决定重返工作岗位。

《棉花街壁报》是抗日战争时期中共中央南方局秘密组织和领导的重庆职业青年互助会为宣传抗日救亡而创办的一种街头壁报,因张贴于重庆棉花街而得名。程廉在明确文物损毁程度，并和同事们商议敲定修复方法后，决定先将文物碎片进行灰尘的清理，再将碎片一张张地进行文字比对拼接。她根据文物是双面文字且纸张韧度不强等特点，采取了用丝网加固的方法，这是不破坏文字阅读性的最好的修复方法。在修复过程中，由于文物面积较大，个子不高的程廉只能爬上桌子，跪在上面对断裂处一点点地进行拼接修复。由于碎片过于凌乱，拼接难度很大，有时拼接一整天后，发现文图并不能连贯阅读，只得放弃，重新开始寻找属于这一块的内容进行再拼接……如此反复若干遍，才能确保修复后文字的连贯性和准确性。

此后，程廉和同事们有时为了能保持拼接的一块文字的完整性，累了困了就直接在修复室和衣而眠，夜以继日地工作了半年，克服重重困难，终于将这批饱受侵蚀的文物修复成功，使他们完好地呈现在观众面前。2012年，重庆市文物专家评审小组将修复后的《棉花街壁报》评定为国家一级文物。

2012年10月，第一次全国可移动文物普查开始。程廉对馆藏文物的情况如数家珍，承担了大部分清查和核对工作。在此期间，程廉都说不清自己在库房内走坏了多少双鞋子。

超负荷的工作导致她的脚踝韧带撕裂，为了不影响工作进度，她或坐着轮椅，或拄着拐杖，坚守岗位。三年间，程廉和同事们对6426件/套馆藏文物和20383件/套文物资料进行全面摸底清查。经过深度梳理，纪念馆建立了文物信息数字化查询系统，为日后查询文物信息资料提供了方便，使文物管理工作更加系统科学。

"从2014年开始，除了主动修复破损最严重的文物，我还利用更多的时间通过'传帮带'的方式，将所学的修复技艺传授给年轻一代。希望自己能像天边的晚霞，继续发光发热。"

谈到修复文物的最大感触，程廉说："从事纸质文物修复工作，特别是通过自己所学的修复技术，能让红岩革命纪念馆中烈士的书信、手稿，以及他们阅读过的进步书籍等千余件文物重获新生，有一种说不出的成就感，兴奋的心情溢于言表，所有的付出都是值得的。"

从云翳中外露的霞光，才是璀璨多姿的。

（资料来源：中国文物报。）

想一想

通过学习"2022年度最美巴渝工匠"程廉的故事，你从中获得的启示是什么？

_____
_____
_____
_____
_____

铸匠魂

工匠精神要素 5：注重细节

细节指细小的事务、情节或环节，它可能是一句话、一个眼神、一颗螺钉、一件摆设等。秦朝李斯曾说："泰山不让土壤，故能成其大；河海不择细流，故能就其深；王者不却众庶，故能明其德。"一件事情能否成功，关键在于对细节的把控。

"天下大事，必作于细"，不管我们未来从事什么职业，在什么工作岗位上，都必须注重细节。东晋名将陶侃，是一个做事缜密细致的人。他在负责造船时，要求士兵们将剩下的竹头和木屑都储藏起来，众人不解。后遭遇大雪，天晴雪化，道路泥泞，木屑正好用来铺路防滑。再后来，军事家桓温伐蜀时，急需造一批大船，却没有钉船用的竹钉。陶侃听说后，把之前收集的竹头做成竹钉送去，解了桓温的燃眉之急。相反，如果我们忽视细节，无论做什么事情，最终都会失败。"千里之堤，溃于蚁穴"就是这个道理。因此，我们要在小处努力，力争把每件小事都做好，日积月累，终成大事。

工匠精神要素 6：心无旁骛

心无旁骛指心中没有杂念，形容做一件事心思集中，专心致志。要想在工作中做出成绩，首先要全神贯注。唐代著名画家吴道子，曾为学画水波浪花，每天早出晚归，风雨无阻，到海边观察水波浪花的变化，经过三年的积淀，终于画出了著名的《江海奔腾图》。他的成功源于他心无旁骛地画好每一滴水。

心无旁骛是专心、用心，是坚持坚守，是不把时间浪费在任何无谓的琐事上。

有一则寓言故事这样讲道：一只鼯鼠想挑战一只狮子，狮子果断拒绝了。鼯鼠问："你是因为害怕了吗？"狮子答："我如果接受你的挑战，你自然可以得到曾与狮子决战的英勇事迹，而我不论输赢，都会被其他动物耻笑。"因此，不要把心思放在不重要的人和事上。成功的关键就是抓住既定目标不放手，一心一意做好本职工作，那么无论做什么事情都能做好。

工匠精神要素 7：执着专注

执着指长久地，甚至一生从事自己所认定的职业，没有任何抱怨。专注指把精力全部集中到既定目标上，不达目的，誓不罢休。执着专注是工匠精神的一种体现，源于对职业理想的热爱和坚守。

"工贵其久，业贵其专"，执着专注是古往今来成就大事的必备品质。"庖丁解牛""鬼斧神工""炉火纯青"，这些执着专注的品质早已融入中华民族的血脉之中。当今时代，执着专注更是在各项职业劳动中传承不息。小到一颗螺钉、一个指甲的打磨，大到高速交通、航空航天等大国重器的制造，都离不开新时代劳动者执着专注的工匠精神。"80 后"造船工匠张冬伟，20 多年坚守，用一把电焊枪打破了西方造船技术的封锁；重庆姑娘王珮，淬炼美容技艺，终成世界技能大赛冠军；技校学子洪家光，攻克西方技术，促成我国拥有了航空发动机的自主产权。他们以"择一事，终一生"的执着专注，把职业当成事业，不负青春，勇敢追梦。因此，执着专注是我们技工院校学生应有的品质。

工匠精神要素8：刻苦钻研

刻苦钻研指暗下苦功、不舍昼夜地深入研究。《祖冲之》里讲道，"敢于推翻前人的错结论，表现了古今杰出科学家所共有的刻苦钻研、坚持真理的精神。"

中国核潜艇第一任总设计师彭士禄，在无资料、无图样、无外援，只见过照片和玩具模型的基础上，从零开始、自力更生、刻苦钻研，带领团队攻克了一个个技术难题；四"飞"太空的景海鹏曾说，"出手就出色，完成就完美"，面对上百万字的操作指南，他反复背诵、重复演练，最终将数以万计的指令烂熟于心；全国技术能手、全国劳动模范丁照民曾说，"练，练到有肌肉记忆"，他认为做工匠就要精确到一分一毫，几十年来不断钻研，练就了精准焊接的高超技术。长期坚持，刻苦钻研，这样的故事还有很多。这些故事的主人公都有一个共同点，那就是对本职工作全情投入、尽职尽责，以实际行动诠释责任担当、工匠精神。作为一名技工院校学生，要在技术上刻苦钻研，创造价值，不断成长，最终完成自我突破。

议一议

通过对以上内容的学习，你最深刻的认识是：

_____
_____
_____
_____
_____
_____

守匠情

活动1：走进工作场所

工作场所是劳动者从事职业活动场地，它可以是办公室或工厂，也可以是非居住的实体空间，如学校、图书馆、会议室等。劳动者要实现自己的劳动价值，需要依托工作场所，工作场所也是实现职业目标的物理条件之一。

当然，不同的行业及岗位有着不同形式的工作场所。比如，教师的工作场所是学校或教育机构，医生、护士的工作场所是医院或医疗机构，乘务员的工作场所是公交交通工具及其站台等，服务员的工作场所是酒店或餐馆，技术操作员的工作场所则是生产车间或工厂等。总之，工作场所是为了实现职业目标而设立的场地。

随着现代工作场所概念的更新与发展，会出现更为灵活的工作形式，随之发生变化的就是工作场所。工作场所会随着工作形式的变化而更加灵活机动。无论工作场所怎样变化，它都要满足一些特定的要求。不同工作场所的要求各有不同，有的强调卫生，有的强调人员配备，有的强调环境等，但所有的工作场所都有对安全性的要求。工作场所的安全性，不仅能保证各项工作顺利进行，还能提高员工的工作积极性。工作场所的性质不同，其安全性所涉及的内容也不一样，但电气安全、消防安全、个人防护、急救、设备工具使用安全等均为常见的安全要求。

现在就让我们一起走进工作场所，了解工作场所，进一步确定你的职业定位。

参观准备：手机或照相机（用于拍照）、纸笔（用于参观或询问记录）。

现在，大家可以根据自己的意愿或教师的安排，完成分组，每组 10~15 人，共同确定一个工作场所。该场所可以是与所学专业息息相关的工作场所，也可以是所学专业所在行业的其他工作场所。在参观过程中，首先，务必保证个人安全，必要时，可以在小组中选定 1~2 人负责参观的安全；其次，请从工作场所的直观感受、工作环境、工作场所器具、安全性等方面进行记录，必要时，可向参观地工作人员进行询问；最后，各小组完成下表。

参观记录表

场所名称		场所地点	
直观感受			
我看到了什么			
我听到了什么			
我思考了什么			
其　　他			

各个小组进行参观工作场所的总结，并说说自己的感受。

活动 2：职场角色扮演

每种职业都好似螺钉这样的零件，构建了社会运转体系，推动人类文明的进步。例如，无私奉献的教师，志在教书育人、桃李芬芳；刻苦钻研的科学家，志在精尖技术、知识海洋；探索太空的航天员，志在遨游太空、星辰大海；刚毅坚韧的军人，志在保家卫国、守护疆土；仁心仁德的医生，志在舍己为人、救死扶伤……不同的职业蕴含着多样的内容，承担着崇高的职业使命，绘制出社会发展的蓝图。

每个职业都有其对应的职业方向。职业方向是指在职业生涯中，根据自己的技能、兴趣、价值观和社会环境所选择的职业道路。职业方向是一个长期规划，需对心仪的工作领域，还有自身的综合素质能力进行考量。我们应对职业信息进行理性匹配，合理地判断何种职业方向符合自身特性和定位。未来，职业方向的确定是同学们需要长期思考的问题。

为了让同学们更深刻地感受不同的职业方向和劳动精神，请大家自行组建小组（4~5人为宜），分工协作，在线上、线下收集感兴趣的职业领域和职业场景，创作职业小剧本，分角色扮演进行展示。其他小组的同学根据表演内容判断展示的是何种职业领域和职业场景。判断正确的小组得一分，判断错误不得分，积分最多的小组将得到奖励。

同学们表演完毕后可以思考如下几个问题：第一，从收集的资料中，你感受到的心仪职业的劳动精神有哪些？第二，职业场景演绎给你最大的体会是什么？第三，你目前的职业方向是什么？

谈一谈

做完这个游戏后，你的感悟是：

_____
_____
_____
_____

践匠行

测一测

下表中有60道题，请在题目前面分值处打分。最低分1分，最高分5分，分数越高代表该项内容对你来说越重要。通过测试，你可以大致了解自己的职业价值倾向，为将来择业提供参考依据。

职业价值观测试

分值	题号	题目	分值	题号	题目
	1	能参与救灾济贫的工作		13	能经常和同事一起休闲
	2	能经常欣赏完美的工艺作品		14	能经常变换职务
	3	能经常尝试新的构想		15	能成为想成为的人
	4	必须花精力去深入思考		16	能帮助贫困和不幸的人
	5	在职责范围内有充分自由		17	能增添社会的文化气息
	6	可以经常看到自己的工作成果		18	可以自由地提出新颖的想法
	7	能在社会中扮演更重要的角色		19	必须不断学习才能胜任
	8	能知道别人如何处理事务		20	工作不受他人干涉
	9	收入比相同条件的人高		21	觉得自己的辛苦没有白费
	10	能有稳定的收入		22	能使自己更有社会地位
	11	能有清静的工作场所		23	能够分配、调整他人的工作
	12	主管善解人意		24	能常常加薪

续表

分值	题号	题目	分值	题号	题目
	25	生病时能被妥善照顾		43	不必和同事有利益冲突
	26	工作地点光线、通风好		44	可以经常变换工作场所
	27	有一个公正的主管		45	常让自己觉得如鱼得水
	28	能与同事建立深厚的友谊		46	能常帮助他人解决困难
	29	工作性质常会变化		47	能创作优美的作品
	30	能实现自己的理想		48	常需提出不同的处理方案
	31	能够减少别人的苦难		49	需对事情深入分析研究
	32	能运用自己的鉴赏力		50	可以自行调整工作进度
	33	常需构思新的解决方法		51	工作结果受到他人肯定
	34	必须不断地解决新的难题		52	能自豪地介绍自己的工作
	35	能自行决定工作方式		53	能为团体拟定工作计划
	36	能知道自己的工作绩效		54	收入高于其他行业
	37	能让自己觉得出人头地		55	不会轻易地被解雇或裁员
	38	可以发挥自己的领导能力		56	工作场所整洁卫生
	39	可存下许多钱		57	主管的学识和品德让你钦佩
	40	有好的保险和福利制度		58	能够认识很多风趣的伙伴
	41	工作场所有现代化设备		59	工作内容随时间变化
	42	主管能采取民主的领导方式		60	能充分地发挥自己的专长

把对应题目的分值相加后填入下表，根据分值从大到小的排序，你可以得出自己的核心职业价值观排序。

评测计分统计及职业价值观排序

分值	对应题目	职业价值观	分值	对应题目	职业价值观
	1、16、31、46	利他主义		8、23、38、53	管理权力
	2、17、32、47	美的追求		9、24、39、54	经济报酬
	3、18、33、48	创造发明		10、25、40、55	安全稳定
	4、19、34、49	智力激发		11、26、41、56	工作环境
	5、20、35、50	独立自主		12、27、42、57	上司关系
	6、21、36、51	成就满足		13、28、43、58	同事关系
	7、22、37、52	声望地位		14、29、44、59	多样变化
	8、23、38、53	管理权力		15、30、45、60	生活方式

我的核心职业价值观排序			
排序	价值观		分值
1			
2			
3			

★利他主义：为了他人的福利做贡献。

★美的追求：制作美丽的物品，并将美带给世界。

★ 创造发明：发明新事物、设计新产品或产生新思想的工作。
★ 智力激发：独立思考、了解事物的作用和怎样运行。
★ 独立自主：以自己的方式去做事，或快或慢随你所愿。
★ 成就满足：有一种做好工作的成功感。
★ 声望地位：在别人的眼里有地位、受尊敬，能引发敬意。
★ 管理权力：计划并给别人安排任务。
★ 经济报酬：报酬高，使你能拥有想要的事物。
★ 安全稳定：不太可能失业，即使在经济困难的时候也有工作。
★ 工作环境：环境或工作的物质条件对某些工作者来说是很重要的。
★ 上司关系：在一个公平的，且能与之融洽相处的管理者手下工作。
★ 多样变化：在同一份工作中有机会尝试不同种类的职能。
★ 同事关系：能与喜欢的人接触并共事。
★ 生活方式：能按照自己选择的生活方式生活，并成为自己所希望成为的人。

填一填

找到你的核心价值观，把它作为将来就业的指南。如果要践行这些价值观，你觉得在未来的日子里可以做些什么？

_____
_____
_____
_____
_____
_____

实践活动 ② 走进企业，"职"得体验

活动目标

1. 走进企业，了解职业与岗位。
2. 在实践中明确未来的职业方向。
3. 培养"精益求精，臻于至善"的工匠精神，像匠人那样不断前行。

活动准备

1. 培训学习

（1）在教师的指导下，由班长和团支书组织全班学生联系本地与本班专业对口的企业，征得企业同意后，报班主任、学校审核，确定要前往的企业。在班主任的指导下，外联组提前做好路线规划。

工 匠 精 神

在中国传统文化语境中，"工匠"是对所有手工艺人的称呼，如木匠、铁匠、铜匠等。"工匠"一词最早出现在春秋战国时期。荀子言，"人积耨耕而为农夫，积斲削而为工匠"，即长期以耕地为生的人为农夫，长期使用斧头的人为工匠。中国自古以来就是一个工艺制造大国，出现过鲁班、李春、蔡伦、毕昇、张衡等世界级工匠大师。

2019年9月，习近平总书记对我国选手在世界技能大赛上取得佳绩作出重要指示，强调"要在全社会弘扬精益求精的工匠精神，激励广大青年走技能成才、技能报国之路"。2020年11月，习近平总书记在全国劳动模范和先进工作表彰大会上进一步谈道，"在长期实践中，我们培育形成了爱岗敬业、争创一流、艰苦奋斗、勇于创新、淡泊名利、甘于奉献的劳模精神，崇尚劳动、热爱劳动、辛勤劳动、诚实劳动的劳动精神，执着专注、精益求精、一丝不苟、追求卓越的工匠精神"。

作为新时代的未来建设者和时代的弄潮儿，我们应向全国劳动模范和大国工匠学习，脚踏实地，躬身实干，在坚守中发扬干劲，在磨砺中增强技能，在钻研中追求卓越。加油吧！少年！期待你在未来的征途上创造出属于自己的新天地！

（资料来源：人民日报。）

（2）激发兴趣。各班级组织学生上网查阅与"大国工匠"相关的新闻报道，加强思想引领，明确劳动最光荣，感悟工匠精神的意义。

2. 联络沟通

班、团干部要事先联系学校安稳办、校团委（安全管理部门），汇报本次活动的目的、意义、安全预案，得到学校安稳办、校团委的同意、支持和帮助；联系企业，征得对方同意，并商定活动时间、地点、流程、注意事项。

3. 人员分工

根据活动分组分工表（见下表）安排活动任务。

活动分组分工表

组织设置		工作内容	岗位职责
领导组		由团支书、班长、生活班长组成，团支书担任组长，班长、生活班长担任副组长；全面统筹活动的培训和安全工作	组长：协调、落实安全保障等
工作组	策划协调组	负责策划活动，向校团委进行工作报备和活动申请，征求班主任、全班学生的意见和建议，联系和协调相关工作，设计活动方案、宣传方案等；领导组成员要参与本组工作	组长：负责落实本组工作内容执行、组员管理、组内分工、组间协调合作 组员：服从组长管理，自觉遵守活动纪律，积极参与活动，在活动中团结协作
	外联组	开展企业联系工作，了解企业相关情况，制定路线、安全工作方案	
	实施组	以班级学习小组为单位划分小组，由学习组长担任小组长，小组长组织本组学生提前准备好要请教企业专家的相关问题，并在活动过程中，时刻强调注重文明礼仪和纪律	
	后勤物资组	组织全班学生讨论，充分收集、整理意见和建议，根据活动需要制定方案，并做好预算；规划交通路线，确定交通工具；负责活动的收尾工作	
	安全保障组	向学校安稳办报备，并在学校安稳办指导下拟定《活动安全事项承诺书》，组织全班学生学习安全注意事项，负责活动过程中的安全隐患排查，及时发现、提醒、告诫、制止安全问题	
	宣传编辑组	负责拟定活动宣传方案、设计及制作横幅；负责活动中的摄影、摄像和相关宣传资料的收集；负责活动后期的对外宣传工作，将总结和简报报校团委审核、存档，报学校办公室进行宣传报道	

4．安全事项

（1）组织全班学生学习学校安全管理规定，学习记录留存备查。

（2）提前向学校管理部门报备"活动策划方案""活动安全预案申报表"，进一步明确组织安排、人员分工、活动流程和安全责任；拟定《活动安全事项承诺书》，每位学生签字后留存备查。

5．物资准备

（1）定制有学校标识的文化衫，统一服装。

（2）活动宣传横幅。

（3）摄影、摄像器材。

（4）规划交通路线，确定交通工具。

6．场地准备

经与企业相关负责人商定后，确定活动场地、活动方式与内容。

活动实施

1. 精心准备

组织召开班、团干部会议，明确活动目的和意义。收集学生意见和建议，整理归纳后召开一次主题班会，确认要参观的企业，明确人员分工和任务，各组做好活动前期工作。外联组提前规划交通路线，确定交通工具，并报学校相关负责人审核。

2. 参观交流

（1）参加活动的学生在教室或操场集合，整理仪容仪表，清点所有活动用品。班主任进行动员讲话，强调纪律、安全等注意事项。

（2）在班主任和劳动教师的指导下，学生有序乘坐交通工具前往企业。

（3）到达企业下车后，活动组长负责集合整队，再次告知所有学生纪律和活动注意事项，尤其是文明礼仪问题。

（4）根据企业安排，进行实地参观活动，感受企业文化，了解企业发展，感悟企业员工的劳动精神和工匠精神。

（5）根据企业安排，进行交流活动。企业劳模进行演讲，演讲结束后，在活动组长的引导下，各小组与企业劳模进行交流，再次感悟劳模精神和工匠精神。

（6）参观、交流活动结束后，进行活动留影，班主任向企业相关负责人和企业劳模表示感谢。学生在班主任和劳动教师的带领下，安全有序地乘坐交通工具返回学校。

3. 总结与反思

（1）各小组代表根据本次活动进行交流，派出小组代表依次汇报活动体会。

（2）劳动教师将宣传编辑组在企业参观交流活动中拍摄的企业劳模辛勤工作的照片和企业劳模的各种荣誉证书进行投影展示，并让学生思考、交流，为成为一名出色的企业员工，应怎样努力。

（3）每个学生都独立撰写活动感悟，班主任和宣传编辑组共同选出优秀的活动感悟并发布在学校微信公众号上。

活动体会

你的收获：_____
_____
_____
_____
_____

你的感悟：_____
_____
_____
_____
_____

改进措施：_____
_____
_____
_____
_____

活动评估

评价项目	评价主体		
	自我评价	小组评价	教师评价
劳动观念			
劳动态度			
劳动情感			
劳动精神			
劳动习惯			
劳动素养			

注：评价等级为 A—优秀，B—良好，C—合格，D—不合格。

第三单元

崇尚劳动精神　认识职业价值

　　大力弘扬劳模精神、劳动精神、工匠精神。"不惰者,众善之师也。"在长期实践中,我们培育形成了爱岗敬业、争创一流、艰苦奋斗、勇于创新、淡泊名利、甘于奉献的劳模精神,崇尚劳动、热爱劳动、辛勤劳动、诚实劳动的劳动精神,执着专注、精益求精、一丝不苟、追求卓越的工匠精神。劳模精神、劳动精神、工匠精神是以爱国主义为核心的民族精神和以改革创新为核心的时代精神的生动体现,是鼓舞全党全国各族人民风雨无阻、勇敢前进的强大精神动力。

——摘自 2020 年 11 月 24 日,习近平在全国劳动模范和先进工作者表彰大会上的讲话

学习目标

1. 认识劳动精神在新时代的内涵和价值,加深对劳动的理解和尊重。
2. 践行劳动精神,掌握职业选择的步骤。
3. 加深劳动情感体验,理解职业价值和职业选择。

课程思政

思政教学要点

劳动精神

思政教学内容

崇尚劳动、热爱劳动、辛勤劳动、诚实劳动的劳动精神

思政教学设计

劳动是主观与客观的统一。劳动是实现个人全面发展、成长进步的阶梯,不愿劳动、不爱劳动会阻碍个人的全面发展。人类的任何活动都蕴含着情感因素。一个德行好的人、智慧高的人、身体健康的人,必然是一个热爱劳动的人。一个热爱劳动的人,首先就有良好的劳动情感和劳动品质。

本单元重点学习劳动精神的内涵和时代价值,影响职业选择的个人因素,以及职业选择的步骤。本单元重在引导学生在学习和生活中都要具备一丝不苟、独具匠心、精业笃行、臻于至善的劳动者品格,发扬艰苦奋斗的优良传统;通过识记、领会习近平总书记关于劳动精神的论述,与职业价值相结合,塑造崇尚劳动、热爱劳动、辛勤劳动、诚实劳动的劳动精神。

一个时代的光彩,由千千万万微芒汇聚;一个国家的富强,在芸芸众生只争朝夕。新时代的劳动情怀,涵养昂扬向上的劳动者之歌,催生气势如虹的中国力量。劳动精神引导学生爱岗敬业、奉献社会,帮助学生认识到每份工作都有价值,每项劳动都值得歌颂。劳动是光荣的,劳动成果是值得赞扬的。作为新时代的建设者,只有崇尚劳动、热爱劳动、辛勤劳动、诚实劳动,才能实现个人价值,为社会贡献力量。

主题 1

尊 重 劳 动

劳动之魂

刘永刚：匠心铸梦，技能报国

他是一名士兵，参加过对越自卫反击战；他也是一名锻压工人，站在锻压机操作台前挥汗如雨；他还是重庆市劳动模范、国家级技能大师、全国技术能手，2020年被授予"全国劳动模范"称号。他就是"中铝大工匠"，西南铝业（集团）有限公司锻造厂模压制造部高级技师刘永刚。他扎根一线34载，用匠人精神深耕锻造行业，为满足国家航空航天和国防军工重点产品的需求做出了突出贡献。

1984年，刘永刚从部队转业，分配到西南铝业（集团）有限公司锻造厂工作。多年来，他勇于探索与创新，努力学习与奉献，用人生中最美好的年华，完成了从一名普通士兵到模锻高级技师的完美蜕变。他工作脚踏实地、任劳任怨，爱岗敬业，具有良好的职业道德和技能水平，先后参与完成了5米级锻环、"亚洲第一环"、大飞机新材料，以及"长征"系列火箭、"神舟"系列飞船、"嫦娥"工程铝合金锻件材料的生产试制任务，充分发挥了共产党员的先锋模范作用。

作为一名模锻高级技师，刘永刚刻苦钻研本岗位技术，不断充实和提高自己的业务水平，在工作中精心操作，勤于观察、勤于思考，善于总结经验教训，积极参与重点产品工艺研究和生产任务。在新一代"长征"运载火箭用5～6米级大型铝合金锻环生产试制过程中，由于生产时间紧、任务重、工艺难度大，按期完成任务面临巨大挑战。为确保生产任务的完成，刘永刚体现敢打硬仗的军人本色，与工程技术人员一道，遇到工艺难题就积极想办法、出主意，不分昼夜、连班作业成了家常便饭。正是凭借这种甘于奉献的精神，刘永刚硬是和同事们攻坚克难，通过工艺创新，成功生产试制出直径达6.12米的"亚洲第一环"，使研制周期缩短18个月，节省大型设备投资3000万元，确保了国家重点型号产品的按期交货。

29年的模锻岗位打磨，为刘永刚积累了扎实而丰富的实践经验，而"质量第一"的精品意识、富有创新探索的精神，让刘永刚在一线工人中脱颖而出。

在某大型模锻件成型课题攻关中,刘永刚顶着研制任务急、产品质量要求高、成功率低的巨大压力,经过不断摸索、反复试验,在掌握了模具温度、欠压量、润滑与产品成型技术等的关键数据后,打破传统,大胆创新,发明了一次成型中的"旋转式抹油法",极大地缩短了生产周期,提高了生产效率,降低了生产成本,使课题攻关取得突破性进展。

在某特大规格反挤压管材生产试制中,成品率低、产品质量不稳定一直困扰着工厂生产。刘永刚主动请缨,迎难而上,充分分析设备状况,找准了难题的症结,提出了用活动工作带代替固定工作带的思路,在模具温度高达400多摄氏度的环境中,亲自操作,不断尝试,经历十多次工具优化和反复试验后,独创了"卡环操作法",降低了操作难度,彻底解决了产品偏心、粘上模和润滑的难题,可确保管材壁厚均匀,使产品质量大幅提升。该方法被命名为"西南铝业先进操作法"。

刘永刚积极参与"神舟"系列飞船用大锻件的研制开发,用他扎实的操作技能和实践理论,对解决关键技术难题起到了决定性作用。在生产试制过程中,他始终冲在第一线,每天连班作业10小时以上,随时观察水压机工作进度,量尺寸,测温度,认真记录每次压下量、进给量,为工艺优化提供了大量原始资料,经过上百次反复试验后,终于攻克了一个个技术难关,在突破设备极限的基础上,创造了5项历史性突破:一是锻件单件质量达4吨多,超过模压生产线设备极限,创造了历史纪录;二是锻件墩粗采用新型墩粗法,突破了工艺极限;三是立足现有生产条件,改变锻环生产工艺及工装,锻环直接扩孔突破原来的3.5米极限,提高了生产效率;四是5米环冷变形打破常规,采用"三双法"冷变形,实现了超常规生产;五是采用新锻造方法,解决了大型自由锻件锻透难题。这些历史性的突破不仅为企业创造了可观的经济效益,更为突破技术壁垒,使我国成为继美国、俄罗斯等国之后具备此项技术的国家之一,为国防事业和国家民族工业的发展做出了重大贡献。

在刘永刚的影响和带领下,班组成员相处和谐,团结向上。班组工作业绩突出,产品质量稳中有升,2013年完成新产品试制268项。其中,参与完成国家重点科研项目20余项,新品产量为600余吨,成为当之无愧的生产"领头羊"。

作为一名一线生产工人,刘永刚在平凡的岗位上做出了不平凡的贡献,为国家航空航天事业的发展提供了一批批优良的铝材产品。他努力用自己的行动,践行着无愧于祖国和企业的铮铮誓言,锻造出不一样的人生辉煌。

(资料来源:中国有色网。)

谈感受

通过学习全国劳动模范刘永刚的故事，你最深的印象是：

_____

_____

_____

_____

_____

劳动之道

粽享欢乐

活动时间	_____年_____月____日
活动地点	学校食堂
活动准备	1．准备盆、桶、粽叶、糯米、肉、绿豆、红豆沙、红枣、细麻绳、剪刀、手套等物品。 2．准备摄影、摄像设备。 3．准备必要的安全、卫生防护物资：一次性口罩、一次性厨帽、创可贴、酒精、过氧化氢等。 4．准备笔和笔记本，便于记录包粽子的要求、粽子馅料配比、活动经费开支等。
活动目标	1．认知性目标：了解端午节的历史文化渊源和相关优秀传统文化、传统习俗等。 2．参与性目标：在具体劳动过程中，学会并掌握配制馅料、包粽子的方法和技巧要领。 3．体验性目标：磨炼学生耐心，提升学生动手能力，在劳动过程中体验劳动光荣、劳动幸福，培养学生热爱劳动、积极主动参加劳动的好习惯。 4．技能性目标：熟练掌握包粽子的技术要领，包出美观、美味的粽子。 5．创造性目标：在实际操作过程中不断发现问题，通过正确合理的途径、方式创造性地解决问题。

续表

活动过程	1. 循环播放包粽子的视频，现场学习包粽子的方法，带领学生边学边做。 2. 将学生分成 5 组，分别负责豆沙馅粽子、鲜肉馅粽子、腊肉馅粽子、绿豆口味粽子、原味白粽子等 5 种不同口味粽子的制作。 3. 清洗干净操作台、厨具、刀具等，全班学生按照"七步洗手法"做好个人清洁，保证食品卫生。 4. 教师现场指导学生切肉、配制馅料、包粽子，并邀请食堂专业厨师进行指导。 5. 师生共同烹饪、品尝包好的粽子，共享劳动成果，分享劳动喜悦。 6. 在活动过程中，根据事先的安排指定专人进行拍照、摄影。活动结束后及时将活动的照片、视频等素材发到学校微信公众号进行宣传，分享劳动喜悦。 7. 活动结束后，按照事先的分工，清洗餐具、厨具，打扫干净食堂，并将剩余食材归还食堂。 8. 组织学生对本次活动进行分组讨论，由各组组长进行发言，评价本次活动。 9. 教师对活动进行点评、总结。 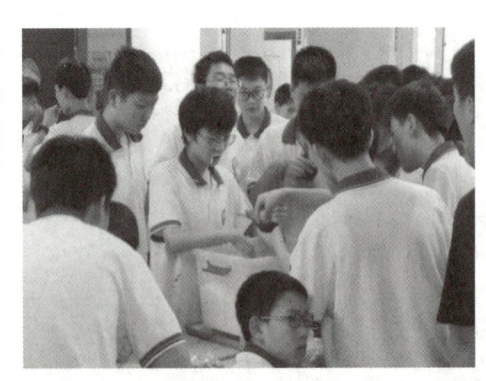 包粽子，体验劳动之乐 品粽子，感悟劳动之美

话感悟

通过本次"粽享欢乐"活动,你的感悟是:

_____
_____
_____
_____
_____

劳动之术

一、认识和弘扬劳动精神

1. 劳动精神的定义

劳动精神是指人们对劳动的热爱、尊重和敬业,以及为了实现自身价值而不断努力的精神状态。它包括对劳动的热爱和敬重,对工作的高度负责和认真,以及对工作的积极态度和不断进取的精神状态。

2. 劳动精神的内涵

劳动精神是在劳动创造社会财富和美好生活的过程中所体现的劳动态度、劳动意志、劳动情感、劳动观念等精神品质和价值理念的有机复合体。劳动精神的内涵的核心是劳动价值观,即劳动者对劳动的认知和态度,它涵盖了劳动者的精神风貌、职业操守、工作态度、团队合作等多个方面。

3. 劳动精神的重要性

劳动精神对个人、社会的发展和进步都具有重要意义。首先,劳动精神是推动社会进步的重要力量,能够促进社会经济的发展和社会文明的进步。其次,劳动精神是人类文明进步的源泉,是推动人类社会不断前进的重要动力。最后,劳动精神能够激发人们的内在潜能,提高个人的能力和素质,从而实现个人价值。

4. 弘扬劳动精神

习近平总书记强调:"要在学生中弘扬劳动精神,教育引导学生崇尚劳动、尊重劳动,懂得劳动最光荣、劳动最崇高、劳动最伟大、劳动最美丽的道理,长大后能够辛勤劳动、诚实劳动、创造性劳动。"因此,我们要通过各种措施和方式来弘扬劳动精神。

首先,我们要学习优良传统,弘扬伟大的劳动精神,始终坚持以人为本、追求卓越,向在各自的岗位上勤奋拼搏、无私奉献、为社会的发展做出了巨大贡献的人学习,把他们的优秀品质和奋斗精神传承下去。

其次，我们要树立正确的劳动观念，弘扬劳动精神。劳动是社会发展的基础，是人类不断进步的源泉。我们要树立崇尚劳动、尊重劳动、珍惜劳动、感恩劳动的观念，充分发挥个人的主观能动性，努力提高自身的职业技能。

最后，我们要付诸实践，将劳动精神融入工作中。我们要做到勤奋敬业，以高度的责任感和使命感投入到工作中，严格遵守公司的规章制度，树立良好的职业形象。同时，我们要学会创新，敢于担当，勇于挑战，发挥自己的专长和潜能。

总之，弘扬劳动精神，是我们共同的责任。让我们回顾过去，展望未来，携手共进，为祖国的美好明天而努力奋斗！

二、劳动精神的价值

劳动精神是中华优秀传统文化的重要组成部分，是时代发展的重要精神支柱。在当代社会，劳动精神仍然具有极其重要的价值。

1. 劳动精神是推动经济发展的重要力量

在当代社会，经济的发展离不开人们的劳动，只有通过劳动，才能创造出更多的财富。目前，我国经济发展已经进入一个新的阶段，需要更加高效、智能化的劳动方式。因此，劳动精神此时具有极其重要的价值，我们只有通过劳动，才能发挥出潜能，为社会做出更大的贡献。

2. 劳动精神是推动社会进步的重要途径

具有劳动精神的人，能够为社会创造更多的价值，促进社会的进步。在当代社会，社会的进步需要每个成员都积极地参与和贡献。而劳动精神正是这种参与和贡献的重要途径。通过劳动，我们可以为社会创造更多的价值，为社会的发展贡献力量。同时，劳动精神也可以帮助建设更加公平、公正的社会。在当代社会，我们可以通过劳动来推动社会的进步，为社会的公平、公正做出贡献。

3. 劳动精神是实现自我价值的重要途径

在当代社会，人们追求自我价值已经成为普遍的现象，而劳动精神正是实现自我价值的重要途径。通过劳动，我们可以找到自我实现的方式，找到真正想要追求的生活；可以充分发挥自身的能力，实现自我价值。

4. 劳动精神是推动创新和进步的重要动力

只有在不断的劳动实践中，人们才能不断探索和发现新的问题和挑战，从而推动社会的进步和创新，不断提高生产力和竞争力，为实现中国梦提供强大支撑。

总之，劳动精神在当代社会具有不可或缺的重要价值，是实现个人价值和社会发展的重要保障。我们应该重视劳动精神，努力发挥潜能，为社会的发展做出贡献。我们应该不断弘扬劳动精神，让它在工作和生活中发扬光大，为实现中华民族的伟大复兴而不懈努力。

讲 感 触

通过对劳动精神的学习，你最深的体会是：

_____
_____
_____
_____
_____
_____

劳动之美

1. 阅读小故事

小羊和朋友们的故事

小动物们准备在五一劳动节到小羊家的花园里庆祝。一些小动物听说小羊家的院子十分漂亮，都想着去看。

五一劳动节那天，小动物们纷纷来到小羊家，不幸的是小羊妈妈生病了。当然，小羊也不明白该怎样做，本来要找犀牛医生的，但是它出去游玩了。那该怎样办呢？过了一会儿，小动物们想出了一个办法。小熊说："我们应该帮助小羊呀！"说着就开始写起安排表，列出在三天之内帮小羊做的家务：

第一天，小狗和小鸡洗地板，小鸭子帮忙买菜、烧菜。

第二天，小象帮忙浇花，小猴帮忙弄掉蜘蛛网，小松鼠帮忙清理角落里的脏东西。

第三天，小猫和小狐狸擦玻璃，小狼和小马一起清理院子，小熊帮忙种树。

安排好了，小动物们都辛勤地做着自己的工作，每个小动物都献出了一片祝福。小动物们送给小羊妈妈很多礼物：小猫送了一颗又大又亮的珍珠，小鸡送了一束鲜艳的杜鹃花，小象送了一个漂亮的水桶，小猴和其他小动物送了一幅贵重无比的画。

犀牛医生游玩回来了，它来到小羊家，把药给了小羊，嘱咐小羊每天给妈妈吃一次药。过了几天，小羊妈妈的病好了。小动物们和小羊、小羊妈妈、犀牛医生一起拍了一张合影。

从此，小羊和妈妈过得幸福极了。

思考 通过上面的小故事，你悟出哪些人生哲理？

_____

_____

_____

_____

_____

2. 欣赏影视剧

《钢铁意志》是由宁海强执导，刘烨、韩雪、林永健、张国强等人主演的历史剧情片，该片于 2022 年 9 月 30 日上映。影片改编自真实事件，讲述了解放初期，面对抗美援朝和社会主义建设对钢铁的迫切需求，中国共产党人团结带领广大工人阶级，克服重重险阻，历尽千辛万苦，为新中国钢铁事业发展做出突出贡献的故事。

该影片被列入国家版权局发布的 2022 年度第八批重点作品版权保护预警名单。

思考 请结合实际分享自己如何面对日常学习、生活中遇到的困境。

_____

_____

_____

_____

_____

_____

3. 感悟艺术美

在当代艺术创作中，以劳动为题材，歌颂劳动、劳动者的美术作品不计其数，如罗中立的《父亲》、黄胄的《洪荒风雪》、广廷渤的《钢水汗水》、艾里克的《锅炉工》、方增先的《粒粒皆辛苦》、刘根生的《庄稼汉》、常勇的《选种》、高鸣的《收获时节》等。这些作品中劳动者大都朴实自然，凸显了劳动者的内在美。

2023 年 4 月 25 日，180 余件劳动者题材的典藏佳作亮相中国美术馆，"大美劳动者——中国美术馆藏劳动题材美术作品展"在中国美术馆三层、五层展厅开展，以美术佳作奏响献给劳动者的赞歌。此次展览，中国美术馆从 13 万件馆藏中精选 180 余件劳动者题材的典藏佳作，分为"淳朴的心灵图像""同心的劳动号子""美丽的大地风景"三个篇章展出，涵盖中国画、油画、版画、雕塑、水彩水粉画、宣传画等种类。展出作品的创作年代跨度近一个世纪，既有充满历史色彩的经典名作，也有表现新时期劳动者的精品力作，其中还包括 18 件国际艺术家创作的代表性作品。

思考 "大美劳动者——中国美术馆藏劳动题材美术作品展"折射出哪些时代精神？体现了艺术家对劳动者的哪些情感？

_____

_____

_____

_____

_____

实践活动 ① 组织社区志愿者活动

活动目标

1. 践行"奉献、友爱、互助、进步"的志愿服务精神。
2. 弘扬中华民族敬老爱老的优良传统。
3. 树立社会责任感，厚植家国精神。

活动内容

志愿服务是人类文明的重要标志，是连接不同文明的重要纽带，是精神文明建设的重要内容。志愿服务不仅是汇集社会资源、扩大社会参与、促进社会和谐的重要力量，也是培育青年自觉践行社会主义核心价值观、传递社会关爱、促进社会文明的有效途径。学校组织开展以学校所在社区为主要服务对象的"社区志愿者活动"，让学生展示社区志愿者的良好形象，传递"奉献、有爱、互助、进步"的志愿服务精神。活动内容具体如下。

1. 环保志愿服务

组织开展以改善社区环境为主要内容的志愿者活动。组织学生志愿者广泛参与本社区的卫生大扫除、清洗乱涂画和"小广告"、清理卫生死角、捡拾垃圾等活动；组织学生志愿者除草，美化绿化社区家园。

2. 助困志愿服务

组织开展以孤寡老人、残疾人、留守儿童为主要对象，以敬老爱老、临时救济、心理健康疏导、辅导留守儿童等为主要内容的帮扶助困服务。

3. 科普志愿服务

以社区居民为服务对象，组织开展以普及防网络诈骗知识、劳动技能知识、生活安全知识等为主的宣传教育活动，提高居民文化素质和劳动素质，争做社区义务科普员。

活动准备

1. 人员分工

根据活动分组分工表（见下表）安排活动任务。

活动分组分工表

组织设置		工作内容	岗位职责
领导组		由团支书、班长、生活班长组成，团支书担任组长，班长、生活班长担任副组长；全面统筹活动的培训和安全工作。	组长：协调、落实安全保障等
工作组	策划协调组	负责策划活动，向校团委进行工作报备和活动申请，征求班主任、全班学生的意见和建议，联系和协调相关工作，设计活动方案、宣传方案等；领导组成员要参与本组工作	组长：负责落实本组工作内容执行、组员管理、组内分工、组间协调合作 组员：服从组长管理，自觉遵守活动纪律，积极参与活动，在活动中团结协作
	外联组	开展社区联系工作，了解社区相关情况，制定路线、安全工作方案	
	实施组	将学生分为三个实施小队，分别为环保志愿服务队、助困志愿服务队、科普志愿服务队。由班主任安排三个小队长；小队长组织本队学生进行志愿活动	
	后勤物资组	组织全班学生讨论，充分收集整理意见和建议，根据活动需要制定方案，并做好预算；经费向校团委申请，或各组员自愿出资；要注意节约、朴素，注重环保；规划交通路线，确定交通工具，布置好活动场地；负责活动的收尾工作	
	安全保障组	向学校安稳办报备，并在学校安稳办指导下拟定《活动安全事项承诺书》，组织全班学生学习安全注意事项，负责活动过程中的安全隐患排查，及时发现、提醒、告诫、制止安全问题	
	宣传编辑组	及时撰写宣传稿件，组织主题班会，及时进行活动总结并进行点评；将总结和简报报校团委审核、存档，报学校办公室进行宣传报道	

2. 安全事项

（1）组织全班学生学习学校安全管理规定，学习记录留存备查。

（2）提前向学校管理部门报备"活动策划方案""活动安全预案申报表"；进一步明确组织安排、人员分工、活动流程和安全责任；拟定《活动安全事项承诺书》，每位学生签字后留存备查。

3. 物资准备

（1）定制有学校和志愿者标识的文化衫，统一服装。

（2）活动宣传横幅。

（3）购买慰问品，准备好清洁所需物品和工具。
（4）准备好摄影、摄像器材。

活动实施

1. 组织学生前往社区

（1）参加活动的学生在教室或操场集合，整理仪容仪表，清点所有活动用品。班主任进行分组、动员讲话，强调纪律、安全等注意事项。

（2）各志愿服务队有序前往社区。

（3）到达社区后，活动组长负责集合整队，再次告知所有学生严守纪律和活动注意事项。

2. 分组实施

（1）环保志愿服务队

① 在社区公共区域进行卫生大扫除，清理电线杆、消火栓、宣传栏上的"小广告"。

② 捡拾花坛、人行道、卫生死角的垃圾（果皮、纸屑等）。

③ 清理花坛中的杂草，美化社区。

（2）助困支援服务队

① 探望本社区的孤寡老人，为老人洗衣叠被，打扫、整理房间；和老人们闲谈交流。

② 走访本社区残疾、困难居民，送上慰问品，了解他们的困难，做一些帮扶工作。

③ 看望本社区留守儿童，为他们辅导学业，给予家庭的温暖。

（3）科普志愿服务队

① 派发宣传单，在社区内开展防网络诈骗活动，提醒居民不要随便透露自己的个人信息，不要贪小便宜，不要参与扫二维码送礼物等。

② 利用自己的知识技能，开展科普活动。例如，汽车专业的学生可以讲授如何更换备用轮胎。

③ 在社区普及生活安全知识，讲解用电、用水、消防安全，遇到地震等自然灾害如何有序撤离等。

3. 注意事项

学生在参与社区志愿者活动中，要注意人身安全，不要单独行动；与居民交流时注意文明礼仪；学会换位思考，尊重服务对象；遇到问题及时向班主任汇报。

4. 反思与总结

按小组制作本次活动总结材料，召开志愿者服务主题班会，进行分组汇报。

（1）小队长组织本小队学生展开讨论，进行自评、总结，并形成文字材料进行汇报。

（2）全体学生对其他小队的总结发言进行评价和建议。

（3）班主任对本次活动进行总体评价。

（4）每个学生都独立撰写活动感悟。

（5）相关材料交学校学管部存档。

活动体会

你的收获：_____

_____

_____

_____

_____

你的感悟：_____

_____

_____

_____

_____

改进措施：_____

_____

_____

_____

_____

活动评估

评价项目	评价主体		
	自我评价	小组评价	教师评价
劳动观念			
劳动态度			
劳动情感			
劳动精神			

续表

评价项目	评价主体		
	自我评价	小组评价	教师评价
劳动习惯			
劳动素养			

注：评价等级为 A—优秀，B—良好，C—合格，D—不合格。

主题 2
职 业 选 择

职业选择是个人基于职业体验，在进行职业定位后对自身今后要从事的行业和方向的一种规划和选择，是人生中一个重要的环节。职业选择不仅决定了个人的职业发展方向，也为其今后取得社会地位的高低奠定了一定的基础，同时也是个人实现自我价值和社会价值的重要途径。

一、人职匹配理论

人职匹配理论是在心理学的基础上进行分析的，它指出个体的个性存在差异性，也就是说，每个人的特点、特色等均存在不同，因而在就业过程中就表现出每个人都有自己擅长的职业这一特点。因此，个人在进行职业选择时，只有将自身个性特点纳入评判标准，才能找到适合自己的职业。根据个性寻找适合自己的职业，当职业需求与自身兴趣和能力相匹配时，从事喜欢并擅长的工作可以提高工作动力、积极性和投入程度，使个人更有可能在职业生涯中获得成功和成就感。人职匹配理论的运用包括以下几个方面。

1. 了解自己的能力、兴趣、志向和局限及其原因

相关信息主要包括身体状况、能力倾向、兴趣爱好、气质与性格等个人资料，以及家庭背景、学业成绩、工作经历等背景信息。

2. 了解各种职业所需的知识和必备技能

通过对工作的预测性分析可以了解某职业所需的基本条件，如职业性质、薪资待遇等，还有求职的最低条件，如学历要求、所需的专业训练，身体要求，年龄、各种能力及其他心理特点的要求，以及就业机会。

3. 分析个人的具体情况和职业要求之间的关系

一种是"活找人"，职业与掌握这种专业能力的择业者相匹配，比如，IT 工程师需要掌握相关技术；另一种是"人找活"，择业者要找到适合自己特质的职业，比如，比较感性、不守常规的人适合从事某些与艺术创作相关的职业。一个人的能力、气质、兴趣和性格与所从事职业的工作性质和条件匹配度越高，其工作效率就越高，事业成功的概率也越大；反之，工作效率越低，职业成功的概率越小。

二、影响职业选择的个人因素

影响职业选择的个人因素主要有兴趣、性格、能力、气质、择业观等。

★兴趣：能够激发个人对于工作的动力和热情，是影响职业选择的一个重要因素。

★性格：是指个人的行为模式和思维方式。不同的职业需要从业者具备不同的性格特点。例如，某些职业需要决策能力和领导才能，而某些职业需要耐心和细心。了解自己的性格特点可以帮助找到适合自己的职业。

★能力：可以分为先天能力和后天能力，先天能力即天赋，后天能力指在训练中获得的各种能力。考虑自己在哪些方面具有优势和潜力，并将其与不同职业的要求进行匹配。

★气质：包含天生特质和选择方向，天生特质在一定程度上会影响自身的选择方向。例如，有些人喜欢与人交往，有些人喜欢独立工作。明确自己的气质类型便于匹配适合自己的工作环境和职业类型。

★择业观：指个人对工作的价值观和目标。考虑自己对工作的期望和目标，如追求稳定性、追求挑战、追求创造力等，将个人的择业观与不同职业的特点进行比较，找到相符的职业。

综上所述，个人因素在职业选择中起着重要的作用。了解自己的兴趣、性格、能力、气质和择业观，可以帮助自己更好地选择适合的职业。同时，也可以考虑咨询职业顾问或进行职业测评来获得更多的指导和建议。

三、职业选择的步骤

职业选择是一个复杂的过程，需要经过一系列步骤来帮助自己做出明智的决策。常见的职业选择步骤如下。

1. 自我评估

需要对自我进行全面的评估，包括兴趣、才能、性格、价值观等方面，以搞清楚自己的强项和弱点，明确职业方向和目标。

2. 职业研究

了解不同职业的要求、工作内容、薪资待遇、发展前景等。可以通过阅读职业指南、参观职业展览会、与从业者交流等方式获取相关信息。

3. 探索选项

根据自己的兴趣和能力，列出一些可能的职业选项。深入分析不同职业的优劣势，与自己的目标和价值观是否相匹配。

4. 实践经验

尽可能地获取实践经验，如通过实习、志愿者工作、兼职等，更好地了解职业的实际情况，验证自己的兴趣和适应性。

5. 职业规划

确立一个涵盖短期、中期和长期的职业规划，考虑需要获得的教育和培训，以及如何提升自己的技能和经验。

6. 咨询专家

寻求职业顾问或专业人士的建议和指导。他们可以提供有关职业选择的专业意见，并帮助制订合适的职业发展计划。

7. 决策与行动

根据自我评估、职业研究和实践经验，做出职业选择的决策；制订行动计划，包括学习、培训、寻找工作机会等。

需要强调的是，职业选择是一个动态的过程，需要不断调整和适应。重要的是保持积极的心态、持续学习和发展自己的能力，以适应不断变化的职业环境。

怀匠心

陈国桃：绣出一片桃花源

苗绣，被誉为"古苗文化的活化石"。在渝东南武陵山腹地，酉州古城里的吊脚楼依山而建，石板路安静绵延，绣女楼翘角飞檐、青砖碧瓦，几名绣娘在色彩斑斓的丝线间飞针走线。这里便是酉州苗绣重生的地方。

带银饰的虎头帽、色彩斑斓的绣花鞋、满怀情愫的鞋垫、六柱床上福禄寿喜图案的床帘、绣着富贵牡丹的被面，以及鸳鸯戏水图案的枕头……苗家人从出生那一刻起，从头到脚，一生都离不开刺绣的包裹。

陈国桃出生于重庆酉阳和湖南湘西交界的一个苗寨。小时候，她的母亲、外婆和阿姨们都穿着传统苗族服装。她常看见外婆坐在吊脚楼上绣花，有时候，外婆会教她刺绣。"从小耳濡目染，在骨子里就对刺绣有着深深的情感。"陈国桃笑着说。2007年，在家人的一片反对声中，陈国桃毅然辞去高薪工作，独自一人背上行囊深入大山，向苗寨阿婆们学习传统苗绣及苗画。在苗寨里，陈国桃和阿婆们同吃同住，睡的是稻草铺，铺下养着猪或羊。夜里，不时有老鼠从头顶跑过，她害怕得紧紧裹住被子蒙着头；冬天，简陋的房子被凛冽的寒风吹得啪啪直响，混合着山坳里的野兽叫声，让她久久不敢入睡……就这样坚持了一年，陈国桃走遍了武陵山区的酉阳、湖南、贵州等地的苗寨，终于学会了常用的苗绣技法。

行走在大山里，她越来越清楚，苗绣真正的美散落在老物件里。5年里，她省吃俭用，花光所有积蓄收集了近千件传统苗绣物件，最艰难的时候，只能靠稀饭和馒头度日。她从传统苗绣中汲取营养，反复钻研、琢磨，不断模仿、创新。功夫不负有心人，她的苗绣技艺突飞猛进，平绣、辫绣、结绣、缠绣、绉绣无一不晓，贴花、抽花、打子、堆花等技巧顺手拈来，山川河流、飞禽走兽在她手里被绣得栩栩如生。陈国桃不但自己绣出了很多好作品，还将学到的技艺无偿传授给山里的留守妇女们，希望她们重新拿起绣花针，用绣品补贴家用，并帮助她们寻找销路。

一次偶然的机会，陈国桃来到酉阳桃花源，体验到《桃花源记》中"芳草鲜美，落英缤纷……乃不知有汉，无论魏晋"的意境，无比震撼。也是从这时起，陈国桃决定，此生"嫁给桃花源"。2013年，陈国桃创建了酉阳子月苗族文化传播有限责任公司，并在酉州古城开起了"酉州苗绣"服装饰品店，一心扑在苗绣上。"苗绣在，我在。"这些年，苗绣产业扶贫，虽一路艰辛，但也收获颇丰。2019年4月，陈国桃的苗绣扶贫文创产品入选外交部的外事礼品；5月，苗绣扶贫产品"绣出一片桃花源"入选上海合作组织峰会国礼；6月，苗绣扶贫文创"团扇"系列产品入选"一带一路"国礼，扶贫产品"苗绣十二生肖"被评为重庆好礼"金奖"；10月，公司被全国妇联评为"全国巾帼脱贫示范基地"。2020年2月，"绣出一片桃花源"系列产品成功获得55项版权；3月，公司被科技部评为"国家高新技术企业"。

长期操劳使陈国桃患上了干燥综合征，眼睛和嘴时常干燥难受，全身关节疼痛。然而，陈国桃依旧坚持为姐妹们上课，进行"手把手"教学、"一对一"指导。为传承苗绣，陈国桃"抛下"家人，只身一人留在酉州古城，个中酸楚不尽言说。眼看着陈国桃的身体状况越来越差，家人都劝她放弃。陈国桃摇摇头："'酉州苗绣'那块牌子挂上去的时候，我说过，'牌子在，我在'。苗绣已经融入了我的生命，这辈子是不会放弃的。"公司的员工、工坊的姐妹见了陈国桃都会亲切地喊她"老陈"。这些姐妹在背后默默地支持着陈国桃，她们都说："老陈在，我在！"如今在酉州大地，绣娘们以针为笔，以布为纸，一针一线，绣出了一片"桃花源"，也绣出了脱贫致富的美丽画卷。

（资料来源：重庆政协报。）

想一想

陈国桃作为"酉州苗绣"的非遗传承人，不但在苗绣技艺中磨砺自己，还带领其他绣娘学习苗绣，帮助她们脱贫致富。这带给你怎样的启示？

_____
_____
_____
_____
_____

铸匠魂

工匠精神要素9：一丝不苟

苟指做事马马虎虎、敷衍了事。丝是计量单位。一丝不苟指的是连最细微的地方都不马虎，形容做事极度认真、细致。一丝不苟既是一种工作作风，又是一种价值观。在培根铸魂、修身律己、干事创业上的认真、细致，体现的是对事业的忠诚，对国家的责任。

航空"手艺人"胡双钱，是一位本领过人的飞机制造师。在工作中，无论简单还是复杂的加工，他在操作时都小心谨慎，用一丝不苟的工作态度创造了"35年没出过一个次品"的奇迹。航天"咽喉主刀师"阎敏，坚守三尺车床，善思勤练，一丝不苟，以"精、准、稳、定"向导弹"咽喉"发力。"00后"世界冠军马宏达，为了获得世界技能大赛特别赛抹灰与隔墙系统项目金牌，在备赛时，别人做一遍，他做两遍、三遍，让每个动作都刻进肌肉记忆里，操作误差不超过1毫米。因此，对广大技工院校学生来说，不管岗位怎么变动，良好作风不能丢，优良传统不能忘，只有认真细致、笃行不怠，才能创造出更加辉煌的业绩。

工匠精神要素10：独具匠心

独具匠心指具备独特的匠人之心，形容有独到的见解和创意，主要是在技艺和艺术方面的创造性。它强调的是专业技能中表现出的个性化的内容，要求在制作上要精细，在设计上具有创新。独具匠心饱含了匠人的情感和个性，也具有鲜明的时代特色和地域特点。同时，独具匠心也体现在现代工业制造中，因为产品在设计阶段就要考虑到各个环节，强调制作过程的规范、严谨、细致等。

中国的造纸技术是在一代又一代匠人的坚持下得以延续与创新的。公元105年，蔡伦在总结前人经验的基础上，革新造纸技术，制造出便于书写、成本低廉的植物纤维纸。现在，宣纸匠人毛胜利继续传承宣纸的古法制作，一干就是三十多年。宣纸的古法制作有108道工序，并且80%以上是纯手工操作，做起来非常辛苦。因此，毛胜利经常被问到："这么多年来守护'古法'，是不是在倒退？"而他总是坚定地回答："守护古法，延续传统，并不意味着泥古不化、停滞不前，而是在传承传统的基础上追求创新。"独具匠心是坚守与传承，是一种既注重过程，又注重结果的创造精神。它要求匠人在每个制作环节中都要追求完美，在严谨、细致的基础上，还要创意十足，以呈现更加完美的作品。

工匠精神要素11：精业笃行

精业笃行指精湛的专业技能和坚持不懈的实践精神，它的含义可追溯到古代，是人们对工匠精神的极高赞美。如今，精业笃行不仅适用于传统的工匠技艺，还适合各行各业的专业技能和实践活动。

华为公司成功突破美国的芯片封锁，不仅证明了中国芯片产业的实力，也鼓励了国内其他企业继续投资和创新。华为的故事告诉我们，只要坚持追求卓越和完美，不断挑战团队的创新极限，就可以在技术领域取得巨大的成就。精业笃行的重要性不言而喻。在当前竞争激烈的社会环境中，只有不断提高技能、努力实践，才能保持自己的竞争力。

精业笃行也是成功的企业家和优秀人才的必备品质。他们不仅拥有精湛的专业技能，而且具备坚持不懈的实践精神，只有这样，才能适应不断变化的社会形势，并积极地迎接挑战。因此，我们要在日常生活和工作中注重培养精业笃行的品质，积极探索和提高自己的专业技能，以实现个人和企业的可持续发展。

工匠精神要素 12：臻于至善

臻于至善指不断探索，达到前所未有的新境界。任何事情都不是一蹴而就的，都需要通过自己的探索才能达到至善的完美境界。春秋末年，曾子所作《大学》开宗明义，写道："大学之道，在明明德，在亲民，在止于至善。"当从事一份自己热爱的、擅长的、有价值的工作时，我们可以从中感受到快乐和满足，这份快乐和满足就来自我们的努力、积累、沉淀和进步。在工作中，我们不仅要有一丝不苟、精益求精的精神，还要积极探索，持之以恒地开拓创新。

生于景德镇陶瓷世家的李文跃，探索传统和现代技艺相结合，创立了"粉墨彩瓷"瓷绘艺术；大国"焊将"高凤林，不断探索新的技术和工艺，突破极限精度，助力运载火箭完美升空；"高压带电作业勇士"王进，年复一年、日复一日地勤学苦练，探索出"一眼定、一心平、一招准"三大绝活儿。他们是一群普普通通的人，做着普普通通的工作，却能撼动整个中华民族。这再次表明，只有那些热爱本职、尽职尽责、不断探索、追求卓越的人，才可能成就伟大的事业。这也就是臻于至善的重要意义。

议一议

通过对以上内容的学习，你最深刻的认识是：

_____
_____
_____
_____
_____
_____

守匠情

活动 1：诗歌鉴赏

每个人从事职业活动的终极目的都是通过职业展现自身的价值，最终实现自我价值。随着认知的发展、环境的变化，我们的价值观逐步形成，且相对稳定。每个人的价值观都在一定程度上影响着对职业的选择。因此，树立正确的价值观，能帮助我们更好地选择职业。

古语有云："三百六十行，行行出状元。"无论选择何种职业，只要自己肯努力，认真对待该工作，抱有对工作无尽的热情和积极乐观的职业价值观，就一定能在你所从事行业中，创造一番天地。在中华民族五千年历史长河中，古代哲人、诗人曾留下关于价值观的感慨。《礼记·中庸》有曰："博学之，审问之，慎思之，明辨之，笃行之。"孟子有曰："故天将降大任于是人也，必先苦其心志，劳其筋骨，饿其体肤，空乏其身，行拂乱其所为，所以动心忍性，曾益其所不能。"（《孟子·告子下》），李白在《行路难·其一》中写道："长风破浪会有时，直挂云帆济沧海。"苏轼曾云："古之立大事者，不惟有超世之才，亦必有坚忍不拔之志。"（《晁错论》）这些都是古人关于如何治学、成才，施展抱负，敢于面对问题等的记录。通过这些古语、诗词，可以帮助我们正确理解职业价值观，并做出正确的职业选择。

当然，不同时代的劳动者的职业期盼不一样，随着环境的变化、经验的累积、知识的增长，个人的价值观也会有所改变。

上网搜索现代诗歌《劳动者歌——站在月光里的人（组诗）》，这首诗歌表达了现代劳动者对劳动的热爱之情。请进行诗歌鉴赏，感受现代劳动者在职业劳动中体现的职业价值、表达的职业情感。

大家可以根据自身的意愿或教师的安排，完成分组，每组3~4人，共同欣赏诗歌，探讨诗歌表达了怎样的情感。可以从诗歌描写的场景、诗歌表达的内涵、作者表达的手法、抒发的情感等方面进行探讨，并填写下表。

诗歌鉴赏

诗歌名称	
诗歌描写的场景	
诗歌的内涵	
作者表达的手法	
作者抒发的情感	
其他	

各个小组以合作的方式准备诗歌朗诵，进行诗歌朗诵比赛，看看哪个小组能更贴切地表达出作者对劳动者积极工作的情感。

活动2："职业价值"大拍卖游戏

职场人在职业生涯中不懈追求的就是实现职业价值，职业价值彰显了职业奋斗的靓丽底色，为勤劳聪慧的劳动人民赋予了努力工作的意义。职业价值一般有三个衡量维度，第一是物质维度，即维持或提高物质生活水平，满足金钱上的需要；第二是精神维度，即实现人生价值，使人生有意义，获得发展自我的精神满足；第三是社会义务层次，即完成工作承担的社会义务，享受社会权利，推动社会发展。职业价值是人们在从事职业的核心力量，是劳动的内生驱动力。

因为人们拥有不同的价值观，因此产生的职业价值也是多样的。职业价值相对稳定，是人们在成长、教育环境的影响下形成的，又随着人们所处环境的变化，人生经历的积累，知识技能的提高而产生变化。为了更加深刻地感受职业价值，我们一起来做一个游戏——职业价值大拍卖。

请同学们准备好纸和笔，来进行一场拍卖。

假设你有 10 个币，可以随意买下表所示的物品，每样物品都有相应的底价，出价应比底价高，且每次出价以 1 个币为增量，出价最高者得到此样物品，视为拍卖成交。

底价表

序号	名称	币数/个	序号	名称	币数/个	序号	名称	币数/个
1	爱情	2	6	自由	3	11	能力	3
2	友情	2	7	快乐	3	12	责任	2
3	健康	3	8	金钱	2	13	威望	2
4	美貌	2	9	诚实	2	14	亲情	2
5	地位	2	10	善良	2	15	享受	2

拍卖完成后，请同学们讨论以下问题：

1. 在所买的物品中，如果让你舍弃一样，你会舍弃什么？原因是什么？
2. 你是买到你最希望得到的东西？如果没有，请说出你最希望得到的物品是什么，并阐明理由。
3. 你买到金钱了吗？有没有比金钱更值得追寻的东西？
4. 有没有同学什么都没有买到？为什么不买呢？

谈一谈

做完这个游戏后，你的感悟是：

践匠行

测一测

下表中有 48 道题目，每道题目均有两个答案：A 和 B。请仔细阅读题目，按照与你性格相符的程度分别给 A 和 B 赋予一个分数，并使这两个分数之和为 5。最后，请在问卷后的答题纸上相应的方格内填上相应的分数。

例子："你参与社交聚会时"

A．总是能认识新朋友。（4）B．只跟几个亲密挚友待在一起。（1）

很明显，你参与社交聚会时有时能认识新朋友，有时只跟几个亲密挚友待在一起。在以上的例子中，给"总是能认识新朋友"打了 4 分，而给"只跟几个亲密挚友待在一起"打了 1 分。当然，对你来说，可能是"3+2"或"5+0"，也可能是其他分数组合。

MBTI 职业性格理论评测

1. 当你遇到新朋友时，你	
A．说话的时间与聆听的时间相当。（　）	B．聆听的时间会比说话的时间多。（　）
2. 下列哪种是你的一般生活取向	
A．只管做吧。（　）	B．找出多种不同选择。（　）
3. 你喜欢自己的哪种性格	
A．冷静而理性。（　）	B．热情而体谅。（　）
4. 你擅长	
A．在需要时间时同时协调进行多项工作。（　）	B．专注在某一项工作上，直至把它完成为止。（　）
5. 你参与社交聚会时	
A．总是能认识新朋友。（　）	B．只跟几个亲密挚友待在一起。（　）
6. 当你尝试了解某些事情时，一般你会	
A．先了解细节。（　）	B．先了解整体情况，细节容后再谈。（　）
7. 你对下列哪方面较感兴趣	
A．知道别人的想法。（　）	B．知道别人的感受。（　）
8. 你较喜欢下列哪个工作	
A．能让你迅速和及时做出反应。（　）	B．能让你定出目标，逐步达成目标。（　）
下列哪种说法较适合你	
9. A．当我与友人尽兴后，我会感到精力充沛，并会继续追求这种欢愉。（　） 　　B．当我与友人尽兴后，我会感到疲累，觉得需要一些空间。（　）	
10. A．我较有兴趣知道别人的经历。例如，他们做过什么、认识什么人。（　） 　　B．我较有兴趣知道别人的计划和梦想。例如，他们会往哪里去、憧憬什么。（　）	
11. A．我擅长订出一些可行的计划。（　）	B．我擅长促使别人同意一些计划，并通力合作。（　）
12. A．我会突然尝试做某些事，看看会有什么事情发生。（　） 　　B．我尝试做任何事前，都想事先知道可能有什么事情发生。（　）	
13. A．我经常边说话、边思考。（　）	B．我在说话前，通常会思考要说的话。（　）

续表

下列哪种说法较适合你	
14. A. 四周的实际环境对我很重要，而且会影响我的感受。（ ）	
B. 如果我喜欢所做的事情，气氛对我而言并不是那么重要。（ ）	
15. A. 我喜欢分析，心思缜密。（ ）	B. 我对人感兴趣，关心他们所发生的事。（ ）
16. A. 即使已有计划，我也喜欢探讨其他新的方案。（ ）	
B. 一旦定出计划，我便希望能依计划行事。（ ）	
17. A. 认识我的人，一般都知道什么对我来说是重要的。（ ）	
B. 除了我感觉亲近的人，我不会对人说出什么对我来说是重要的。（ ）	
18. A. 如果我喜欢某种活动，我会经常进行这种活动。（ ）	
B. 我一旦熟悉某种活动后，便希望转而尝试其他新的活动。（ ）	
19. A. 当我做决定的时候，我更多地考虑正反两面的观点，并且会推理与质证。（ ）	
B. 当我做决定的时候，我会更多地了解其他人的想法，并希望能够达成共识。（ ）	
20. A. 当我专注做某件事情时，需要不时停下来休息。（ ）	
B. 当我专注做某件事情时，不希望受到任何干扰。（ ）	
21. A. 我独处太久，便会感到不安。（ ）	B. 若没有足够的自处时间，我便会感到烦躁不安。（ ）
22. A. 我对一些没有实际用途的意念不感兴趣。（ ）	B. 我喜欢意念本身，并享受想象意念的过程。（ ）
23. A. 当进行谈判时，我依靠自己的知识和技巧。（ ）	B. 当进行谈判时，我会拉拢其他人至同一阵线。（ ）
当你放假时，你多数会	
24. A. 随遇而安，做当时想做的事。（ ）	B. 为想做的事情订出时间表。（ ）
25. A. 花多些时间与别人共度。（ ）	
B. 花多些时间自己阅读、散步或者做白日梦。（ ）	
26. A. 去你喜欢的地方度假。（ ）	B. 选择前往一些你从未到达的地方（ ）
27. A. 带着一些与工作或学校有关的事情。（ ）	B. 处理一些对你重要的人际关系。（ ）
28. A. 忘记平时发生的事情，专心享乐。（ ）	B. 想着假期过后要准备的事情。（ ）
29. A. 参观著名景点。（ ）	B. 花时间逛博物馆和一些较为幽静的地方。（ ）
30. A. 在喜欢的餐厅用膳。（ ）	B. 尝试新的菜式。（ ）
下列哪个说法最能贴切形容你对自己的看法	
31. A. 别人认为我会公正处事，并且尊重他人。（ ）	B. 别人相信在他们有需要时，我会在他们身边。（ ）
32. A. 随机应变。（ ）	B. 按照计划行事。（ ）
33. A. 坦率。（ ）	B. 深沉。（ ）
34. A. 留意事实。（ ）	B. 注重事实。（ ）
35. A. 知识广博。（ ）	B. 善解人意。（ ）
36. A. 容易适应转变。（ ）	B. 处事井井有条。（ ）
37. A. 爽朗。（ ）	B. 沉稳。（ ）
38. A. 实事求是。（ ）	B. 富有想象力。（ ）
39. A. 喜欢询问实情。（ ）	B. 喜欢探索感受。（ ）
40. A. 不断接受新意见。（ ）	B. 注重达成目标。（ ）
41. A. 率直。（ ）	B. 内敛。（ ）
42. A. 实事求是。（ ）	B. 具远大目光。（ ）
43. A. 公正。（ ）	B. 宽容。（ ）

续表

你会倾向	
44．A．暂时放下不愉快的事情，直至有心情时才处理。（　）	
B．及时处理不愉快的事情，务求把它们抛在脑后。（　）	
45．A．自己的工作被欣赏，即使自己并不满意。（　）	
B．创造一些有长远价值的东西，但不一定需要别人知道是你做的。（　）	
46．A．在自己有兴趣的范畴内，积累丰富的经验。（　）	B．有各式各样不同的经验。（　）
哪句话更能表达你的看法	
47．A．感情用事的人较容易犯错。（　）	B．逻辑思维会令人自以为是，因而容易犯错。（　）
48．A．犹豫不决必失败。（　）	B．三思而后行。（　）

MBTI 性格类型测试问卷答题纸

题号	A	B	题号	A	B	题号	A	B	题号	A	B
1			2			3			4		
5			6			7			8		
9			10			11			12		
13			14			15			16		
17			18			19			20		
21			22			23			24		
25			26			27			28		
29			30			31			32		
33			34			35			36		
37			38			39			40		
41			42			43			44		
45			46			47			48		
维度	E	I	维度	S	N	维度	T	F	维度	J	P
合计			合计			合计			合计		

各维度合计分值：

E：_____　　　　I：_____　　　　S：_____　　　　N：_____

T：_____　　　　F：_____　　　　J：_____　　　　P：_____

在 E 和 I 这个维度上，得分高的为：_____

在 S 和 N 这个维度上，得分高的为：_____

在 T 和 F 这个维度上，得分高的为：_____

在 J 和 P 这个维度上，得分高的为：_____

得分最高的四个维度为：_____

填一填

十六种性格类型表

内倾感觉思维判断 （ISTJ）	内倾感觉情感判断 （ISFJ）	内倾直觉情感判断 （INFJ）	内倾直觉思维判断 （INTJ）
内倾感觉思维知觉 （ISTP）	内倾感觉情感知觉 （ISFP）	内倾直觉情感知觉 （INFP）	内倾直觉思维知觉 （INTP）
外倾感觉思维知觉 （ESTP）	外倾感觉情感知觉 （ESFP）	外倾直觉情感知觉 （ENFP）	外倾直觉思维知觉 （ENTP）
外倾感觉思维判断 （ESTJ）	外倾感觉情感判断 （ESFJ）	外倾直觉情感判断 （ENFJ）	外倾直觉思维判断 （ENTJ）

根据评测结果，对照"十六种性格类型表"中的十六种性格，你的职业性格为：
_____。

针对你的职业性格评测结果，进行网络资料查询。

你的职业性格简述为：_____
_____
_____
_____

工作潜在优势为：_____
_____
_____
_____

工作潜在缺陷为：_____
_____
_____
_____

个人发展建议为：_____
_____
_____
_____

实践活动 ② 模拟招聘,"职"等你来

活动目标

1. 了解市场需求,为将来就业求职提供宝贵经验。
2. 提升学生应聘技巧和随机应变能力,增强心理素质。
3. 培养不怕困难、迎难而上的精神。

活动准备

1. 培训学习

在教师的指导下,班长和团支书确定面试官数量(3~5人),并联系学校招生就业处教师或专业课教师担当面试官;确定计分员、监督员(各1人),计时员(1人);策划协调组经与面试官沟通协商,设计面试的流程,包括自我介绍、竞职演讲、职场问答和才艺展示等环节,确定模拟招聘单位和岗位信息;宣传编辑组负责发布模拟招聘单位和岗位信息。

面试中的那些"坑",你知道吗?

面试是中职毕业生、高校毕业生找工作的一项重要流程,也是企业选拔人才的重要方式之一。然而,很多年轻人在面试中并没有发挥出正常水平。

2023年5月上旬,中国青年报社会调查中心联合问卷网对1336名受访者进行的一项调查显示,93.8%的受访者在面试中踩过"坑"。其中,55.2%的受访者表示自己容易"过度紧张",导致说话结巴、没有条理,有时大脑一片空白,有时长篇大论却没有表达出中心思想;47.6%的受访者表示"不够了解企业或行业信息,导致在职场问答环节答不上来";也有24.0%的受访者因过度美化简历,在面试时被面试官戳穿,导致求职失败。

因此,为避免"踩雷",我们应在面试前做好以下几点。

(1)用真诚、放松和自信的心态迎接面试

不要过度美化简历,用真诚打动面试官。适度放松,调整好心情与状态,用放松和自信的状态迎接面试,越自信,表达越清晰,面试官对你的印象也会越好。

（2）提前演练，针对突发情况做好预案

认真对待每一场面试，在面试之前，提前规划演练面试过程中可能会出现的突发情况，以及面试官可能提出的问题，注重积累。

（资料来源：中国青年报。）

2. 联络沟通

班、团干部事先联系学校安稳办、校团委（安全管理部门），汇报本次活动的目的、意义、安全预案，以得到学校安稳办、校团委的同意、支持和帮助。联系企业，征得对方同意，并商定活动时间、地点、流程、注意事项。

3. 人员分工

根据活动分组分工表（见下表）安排活动任务。

活动分组分工表

组织设置		工作内容	岗位职责
领导组		由团支书、班长、生活班长组成，团支书担任组长，班长、生活班长担任副组长；全面统筹活动工作	组长：协调、落实安全保障等
工作组	策划协调组	负责策划活动，向校团委进行工作报备和活动申请，征求班主任、全班学生的意见和建议，联系和协调相关工作，设计活动方案、宣传方案等；领导组成员要参与本组工作	组长：负责落实本组工作内容执行、组员管理、组内分工、组间协调合作 组员：服从组长管理，自觉遵守活动纪律，积极参与活动，在活动中团结协作
	数据整理组	整理、计算每个面试环节中的选手分数	
	实施组	以班级学习小组为单位划分小组。由学习组长担任小组长，小组长组织本组学生提前准备好个人简历，尽力全力准备面试，准时参加面试	
	后勤物资组	组织全班学生讨论，充分收集整理意见和建议，根据活动需要制定方案，并做好预算；负责活动的收尾工作	
	安全保障组	向学校安稳办报备，并在学校安稳办指导下拟定《活动安全事项承诺书》，组织全班学生学习安全注意事项，负责活动过程中的安全隐患排查，及时发现、提醒、告诫、制止安全问题	
	宣传编辑组	负责拟定活动宣传方案、设计及制作横幅；负责活动中的摄影、摄像和相关宣传资料的收集；负责活动后期的对外宣传工作，将总结和简报报校团委审核、存档，报学校办公室进行宣传报道	

4. 安全事项

（1）组织全班学生学习学校安全管理规定，学习记录留存备查。

（2）提前向学校管理部门报备"活动策划方案""活动安全预案申报表"，进一步明确组织安排、人员分工、活动流程和安全责任；拟定《活动安全事项承诺书》，每位学生签字后留存备查。

5. 物资准备

（1）每位学生都准备好一套面试服装和一份个人简历。

（2）活动宣传横幅。

（3）摄影、摄像器材。

（4）以勤俭节约为原则，确定并购买活动奖品。

（5）以勤俭节约为原则，准备面试官的饮用矿泉水、面试评分表、果盘和适量水果。

6. 场地准备

活动场地安排在学校招生就业大厅，提前与学校招生就业处相关负责人沟通，确定活动时间和流程。

活动实施

1. 精心准备

组织召开班、团干部会议，明确活动目的和意义。收集学生意见和建议，整理归纳后召开一次主题班会，确定模拟招聘的流程、参与招聘的面试官，明确人员分工和任务。实施组做好面试准备，面试官准备好相应的面试题库和评分细则，并及时发布评分细则。

2. 模拟招聘

（1）面试官、计分员、监督员提前进入面试厅。

（2）实施组学生带好个人简历及个人荣誉证书等，整理好仪容仪表，有序参加面试，包括自我介绍、竞职演讲、职场问答和才艺展示等环节，注意在活动中保持纪律。

（3）面试官根据事先拟定好的评分细则和选手的具体表现进行打分，计分员及时公布分数，确定进入终极面谈的人选。

（4）在终极面谈环节，面试官根据选手的具体表现，最终确定拟聘用人员。

（5）班主任对拟聘用人员颁发奖品，并感谢面试官。

3. 总结与反思

（1）拟聘用代表发表感言，并以分组展开讨论面试成功者具备哪些共性，各组派代表依次进行汇报。

（2）邀请面试官代表介绍他们选人的标准，并对学生今后的毕业求职表示期待。

（3）每个学生都独立撰写活动感悟，由班主任、小组长和宣传编辑组共同评选出优秀的活动感悟，并发布在学校微信公众号上。

活动体会

你的收获：_____
_____
_____
_____
_____

你的感悟：_____
_____
_____
_____
_____

改进措施：_____
_____
_____
_____
_____

活动评估

评价项目	评价主体		
	自我评价	小组评价	教师评价
劳动观念			
劳动态度			
劳动情感			
劳动精神			
劳动习惯			
劳动素养			

注：评价等级为 A—优秀，B—良好，C—合格，D—不合格。

第四单元

增强劳动情感　　进行职业规划

希望广大劳动群众大力弘扬劳模精神、劳动精神、工匠精神，诚实劳动、勤勉工作，锐意创新、敢为人先，依靠劳动创造扎实推进中国式现代化，在强国建设、民族复兴的新征程上充分发挥主力军作用。各级党委和政府要充分激发广大劳动群众的劳动热情和创新创造活力，切实保障广大劳动群众合法权益，用心帮助广大劳动群众排忧解难，推动全社会进一步形成崇尚劳动、尊重劳动者的良好氛围。

——摘自2023年4月30日，在"五一"国际劳动节即将到来之际，习近平向全国广大劳动群众致以节日的祝贺和诚挚的慰问

学习目标

1. 认识和弘扬劳模精神，艰苦奋斗，勇于创新。
2. 践行劳模精神，制定职业规划。
3. 结合专业学习，明确职业生涯发展路径。

课程思政

●●●思政教学要点

习近平总书记关于劳模精神的论述

●●●思政教学内容

爱岗敬业、争创一流，艰苦奋斗、勇于创新，淡泊名利、甘于奉献的劳模精神

●●●思政教学设计

马克思曾指出，"历史承认那些为共同目标劳动，因而自己变得高尚的人是伟大人物；经验赞美那些为大多数人带来幸福的人是最幸福的人"。习近平总书记关于劳模精神的重要论述是对技能人才的高度评价，体现了对劳动者的殷切期望。劳动精神、劳模精神、工匠精神也是习近平新时代中国特色社会主义思想的重要组成部分。

本单元重点学习习近平总书记关于劳模精神的内涵、时代价值，践行劳模精神的途径，学生进行职业规划的意义、原则、方法。通过走近行业技能大师，深入了解技能大师的成长路程和艰辛工作，认识技能大师身上所蕴含的劳模精神，鼓励学生树立劳模榜样，践行劳模精神，同时结合自身的专业学习，明确本专业领域的职业规划和职业生涯发展路径。

劳动创造幸福，实干成就伟业。劳动精神、劳模精神、工匠精神是鼓舞全党全国各族人民风雨无阻、勇敢前进的强大精神动力，是推动中国高质量发展、社会主义现代化建设快速推进的重要精神力量。作为新时代的青年，应学习劳动精神、劳模精神、工匠精神，做有智慧、有技术、能发明、会创新的奋斗者，走技能成才、技能报国之路，勇立时代潮头、绽放时代光彩，在平凡的岗位上发挥自己的光和热，推动新时代的中国不断前进。

主题 1

辛勤劳动

劳动之魂

刘波平：三尺厨房，铸就百味人生

刘波平是一名厨师，有着巴渝工匠、重庆市劳动模范、中国厨艺高级技能研修班导师、中餐世界锦标赛裁判等荣誉。他集各家之长，将多种川菜烹饪制作技艺融会贯通，把重庆美食推向世界各地。

"劳动者最光荣。"这是刘波平时常挂在嘴边的一句话。在他身上，劳模精神、劳动精神、工匠精神体现得淋漓尽致。

从业 35 年，刘波平尝遍酸甜苦辣，因热爱而坚守在餐饮行业。对他来说，烹饪是一门艺术。年少时的两次经历为刘波平的职业生涯奠定了坚实基础。

1986 年，刘波平在重庆沪江村大酒楼当学徒，无论严寒还是酷暑，每天清晨 5 点就起床，到店第一件事就是点煤球炉子。这不是一件简单的事情。为了不让煤灰沾到头发上，点火前，刘波平会在头顶搭块毛巾，炉火一燃拔腿就往外跑。

"拼的就是速度，跑慢一步都不行。"刘波平回忆说。做事勤快麻利的他获得了更多锻炼机会，一个人撑起了一片天地。

1989 年，机缘使刘波平进入味苑餐厅深造。味苑餐厅是原商业部饮食服务业管理局联合重庆饮食服务公司在重庆设立的烹饪技术培训站，旨在培养中高级川菜厨师。

在这里，刘波平遇到了恩师——国际烹饪艺术大师张正雄。张正雄的"理论与实践相结合，供应与销售相结合"的培训理念对刘波平的职业生涯产生了深远影响。

所谓学无止境，好学的刘波平随后又进入学校，进行系统性学习。随着资历增长，刘波平多次走出国门，交流学习。

依靠多年的学习和积累，他扩增川菜菜谱，实现了 286 个菜品的改良和创新，使之更适合现代人口味。他还吸引米其林厨师到重庆学习川菜，著有《面塑与菜肴》等作品，把自己多年的实践经验理论化。在刘波平看来，川菜将成为流行菜，因为其辣味有刺激性，能刺激人的味觉，使人食欲大增，念念不忘。

"多收徒弟，多为餐饮界培养人才。"刘波平用实际行动践行着这句话。

在重庆警察学院担任厨师长的吾乃幺（小名）就是一个典型例子。吾乃幺是江津人，因幼年失去双亲，生活窘迫。"大概18岁那年，我到了刘师傅那里学手艺。"吾乃幺表示，这一选择彻底改变了他的一生。

刘波平知道他的情况后，收他为徒。刘波平不仅教徒弟厨艺，还指导他们创业。他打造厨师团队，共享资源，互帮互助，为很多新人提供各种各样的机会。

"经过刘师傅的帮助，我一步一步站稳了脚跟，最后成了厨师长。现在我已经结婚，有两个孩子，生活得很幸福。"吾乃幺说，刘波平帮助的人很多，大家都亲切地叫他"刘司令"，因为他组织大家"团队作战"。

"很多人学习厨艺，不光是掌握一门手艺，同时也是为了生存。因此，在教授徒弟时，我愿意为他们指路、铺路。"刘波平说。

"师者，所以传道授业解惑也。"刘波平每年都会特地抽出时间走进校园，为学生们授课。

"刘波平国家级技能大师工作室"自成立以来，积极发挥辐射、引领和带动作用，助力重庆高技能人才队伍建设。工作室每年都定期开展免费培训大学生创业就业活动。

目前，刘波平已累计为社会培养餐饮人才3800余名，其中大师级厨师80余名；为社会直接提供至少350个工作岗位，向餐饮产业链直接提供就业岗位约1500个，间接提供就业岗位约1.8万个。

作为川菜领军人物，刘波平经常参加国际性行业交流活动，弘扬中华饮食文化，让中国美食、重庆川菜走出国门。

刘波平在着力弘扬饮食文化的同时，还积极承担社会责任，热心倡导和发展公益事业，在大灾大难面前不退缩，迎难而上。

2008年，汶川地震发生后，他迅速组织11名厨师奔赴抗震一线，开展"粥棚行动"。

2017年，九寨沟发生地震，他又组织徒弟前往灾区组织搭建灶台与帐篷。

平时，刘波平也总是热心公益事业。他曾为巫溪县城厢镇中心小学留守儿童献爱心，赠送衣服、学习用品等；并利用自己在全国餐饮业的影响力，长年为贫困山区推广食材和土特产，助力脱贫攻坚；还累计资助了10名贫困学生上大学。

"'三尺厨房，百味人生'，我希望自己的厨艺执掌三尺厨房，用自己的行动体验百味人生。"刘波平说，今后，他将继续提升技艺、培养人才，并坚持公益。

（资料来源：人民网、重庆·两江新区官网。）

谈感受

通过学习全国劳动模范刘波平的故事,你最深的印象是:

_____
_____
_____
_____
_____

劳动之道

配制酸梅汤

活动时间	_____年_____月____日
活动地点	药剂实习室
活动准备	1. 准备陈皮、甘草、乌梅、冰糖、山楂干、干桂花、纯净水等配置酸梅汤的材料。 2. 准备电子秤、纱布、细密漏勺、小型电烧水锅、杯子等物品。 3. 准备安全、卫生防护物资:口罩、一次性手套、烫伤膏、酒精、过氧化氢等。 4. 准备好笔和笔记本,便于记录各种材料的配置比例,以及熬制时间等细节和要领。 5. 准备摄影、摄像设备,指定专人负责活动全过程的摄影、摄像。
活动目标	1. 认知性目标:了解酸梅汤的功效、所需材料、配置方法。 2. 参与性目标:了解酸梅汤配比过程中的精益求精、一丝不苟。 3. 体验性目标:学以致用,将专业理论知识与生活实际相结合。 4. 技能性目标:掌握制作酸梅汤的各种材料的配比、熬制的先后顺序、熬制时间等细节和技术要领。 5. 创造性目标:在学生心中植入"工艺精湛、选料上乘"的匠心意识。
活动过程	1. 学生在专业教师的带领下,按照专业教师的示范做好个人清洁。 2. 清洁操作台,确认各操作设备、用具能否正常使用。 3. 专业教师讲解酸梅汤的材料配置比例、熬制方法。 (1)称取乌梅、山楂干各30克,陈皮10克,甘草5克,用水洗净后浸泡40分钟。

	（2）在锅中倒入 2000 毫升纯净水，将乌梅、山楂干放入锅中熬制 20 分钟后，用纱布将陈皮、甘草包好后放入锅中继续中火熬制 30 分钟。 （3）加适量冰糖小火熬制 10 分钟，搅拌至冰糖溶化，加入洗干净的干桂花，小火焖 10 分钟。 （4）用细密漏勺过滤掉渣子，酸梅汤熬制成功。 4．学生认真记录教师讲解过程中各种材料的比例、熬制的时间、先后顺序等细节和技术要领。 5．学生根据教师示范熬制酸梅汤，教师监督学生的制作过程，及时纠正配比、熬制酸梅汤过程中的错误操作，提醒学生注意安全，避免烫伤。 6．师生共同品尝亲手熬制的酸梅汤，共享劳动成果，分享劳动喜悦。 7．清洗使用的器具、器材，并按实习室管理要求对器具、器材进行消毒后存放在指定位置。 8．组织学生对本次活动进行讨论，发表感想，专业教师学生的表现进行评价，并对活动进行总结。 9．学生彻底打扫实习室，清洁卫生，切断电器设备电源，关好门窗。
活动过程	教师指导学生使用操作设备 酸梅汤的配材、熬制

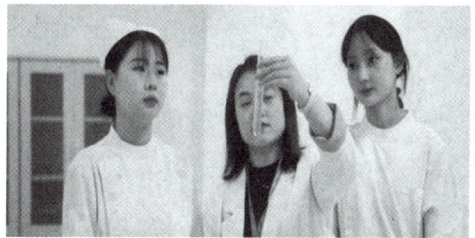

话感悟

通过本次配制酸梅汤活动，你的感悟是：

_____

_____

_____

_____

_____

劳动之术

一、劳模精神的内涵

1. 爱岗敬业、争创一流

爱岗敬业是职业道德的源头活水，是劳模精神的基本特征。劳动者要勤勤恳恳、兢兢业业、忠于职守，尽职尽责地做好自己的本职工作。无论从事什么职业，身处何种岗位，劳动者都要"干一行、爱一行"，努力培养做好本职工作的幸福感和荣誉感。争创一流是指追求一流的技术水平，干出一流的工作业绩，达到一流的工作效率。劳动者要以最高的标准要求自己，树立"对标一流、争创一流"的目标，在工作中不断强化自身的竞争意识和劳动意识，努力攻坚克难。

2. 艰苦奋斗、勇于创新

艰苦奋斗是劳模精神的本质，也是中华民族的优良传统。劳动模范之所以能成为劳动模范，最根本的原因是他们始终秉持艰苦奋斗的精神，在平凡的岗位上创造了不平凡的业绩。勇于创新是指运用已有的知识、技能等进行发明创造、改革创新的意志、勇气和智慧，是劳模精神的核心。创新是民族进步的灵魂，是国家兴旺发达的不竭动力，也是中华民族卓越的民族禀赋。在激烈的国际竞争中，唯创新者进，唯创新者强，唯创新者胜。

3. 淡泊名利、甘于奉献

淡泊名利是中国传统义利观的集中体现，是劳模精神的价值引领。正所谓"君子喻于义，小人喻于利"，追求名利富贵是人之常情，但是这种追求应遵守道德规范。甘于奉献是对社会主义道德的弘扬。社会是由个体组成的，社会的利益是多数人的利益。劳动模范以维护社会的根本利益和长远利益作为自己的价值导向，默默无闻地做好本职工作，不计较个人得失，不为小利所惑，在奉献中报效祖国、服务人民，从而实现人生价值。

二、劳模精神的时代价值

劳模精神是时代价值的重要体现，其核心是勤劳、刻苦、奉献和主人翁精神，是中华优秀传统文化的重要组成部分，是时代进步的宝贵精神财富。在现代社会，劳模精神依然具有重要的时代价值，主要体现在以下几个方面。

1. 引导人们树立正确的价值观

劳模精神强调劳动的尊严和价值，以及勤奋、刻苦、努力的工作态度，从而推动社会的进步和发展。

2. 帮助人们克服困难，迎接挑战

现代社会中有各种各样的困难和挑战，人们只有具备强大的精神支撑才能不断前行。劳模精神正是这种强大的精神支撑，它能够激发人的潜能，增强人的自信和决心，使人不畏艰难，勇往直前。

3. 促进社会和谐发展

劳模精神所强调的勤劳、刻苦、奉献和主人翁精神，可以使人们在工作中相互协作、共同努力，从而形成良好的工作氛围和团队精神，这种有助于促进社会和谐发展，推动社会不断进步。

三、践行劳模精神

1. 积极参加劳动教育活动

新时期的技工院校学生应认真学习马克思主义劳动观及其创新发展理论，并从社会历史发展的角度理解新时代劳动精神；同时，还应积极参加学校组织的各项劳动教育活动，如劳动教育讲座、劳模事迹展览、劳模人物访谈等，深刻体会劳动精神的内涵和价值指向，树立正确的劳动观念，培养良好的劳动习惯和劳动品质，自觉成为劳动精神的传承者和弘扬者。

2. 在学习中践行劳模精神

学校是培养德智体美劳全面发展的社会主义建设者和接班人的重要阵地，应将劳模精神融入立德树人全过程，让学生有机会近距离接触劳模、聆听劳模故事、感受劳模精神，充分发挥劳模先进事迹和优秀品质的感召作用，引导学生勤奋学习、勤于钻研、勤勉敬业，自觉践行劳模精神。

3. 在实践中传承工匠精神

"纸上得来终觉浅，绝知此事要躬行"，技工院校生应主动参与劳动实践活动（如志愿者活动、兼职或实习等），在劳动实践活动中获得劳动成果，体会劳动带来的快乐，感悟劳动精神的意义，从而培育崇尚劳动、热爱劳动、辛勤劳动、诚实劳动的劳动精神。

实现中华民族伟大复兴,需要以伟大的劳动精神为支撑。我国越发展壮大,遇到的阻力和压力就会越大。技工院校学生应以勇立潮头、走在前列的勇气和冲开绝壁、夺隘而出的锐气,积极投身于改革创新的时代潮流,在平凡的工作岗位上勤勉工作、锐意创新,为创造的美好生活而努力奋斗,为中国特色社会主义事业添砖加瓦。

讲 感 触

通过对劳模精神的学习,你最深的体会是:

_____
_____
_____
_____
_____

劳动之美

1. 阅读小故事

老农的临终遗言

有一个富裕的老农,临终前把旁人支开,只把自己的孩子召到跟前,说:"你们千万不要卖掉家产和土地,那是祖辈留下来的。地里埋着财宝,我不知道确切的位置,你们只要发奋挖掘,就一定能找到。秋收后你们就去翻地,要掘,要挖,要铲,每个地方都别落下。"说完就去世了。

他的孩子们按照父亲的临终遗言,把土地翻了个遍,可是一年过去了,什么财宝也没有找到,不过地里的收成却比往年好得多。这时,他们终于悟懂了父亲临终的遗言。

思 考 劳动的本质是什么?劳动的意义有哪些?

_____
_____
_____
_____
_____

2. 欣赏影视剧

微电影《匠者》由镇江市总工会和职工文艺爱好者创作、镇江市职工学校校长执导,镇江市总工会干部客串了相关角色。

《匠者》以党的二十大代表、全国劳动模范、江苏广兴集团首席技师、总工程师沈春雷为原型创作。影片讲述了主人公不甘平庸、心存梦想、苦练技艺、求知若渴，走上知识改变命运的道路，一步步从"小工"成长为"总工"，并以一颗"匠心"做好"传帮带"，成为真正"匠者"的故事。

电影上映后反响热烈。在首映式上，短短 24 分钟的微电影直击观众内心，特别是其中"泥瓦匠拿出全部积蓄，痴心于电脑，紧跟时代"的情节让人感慨，不少观众流下感动的泪水。

思考 在学校如何弘扬劳模精神、劳动精神、工匠精神？梦想自己将来成为一名匠者，现在的你该怎么做呢？

3. 感悟艺术美

每张照片都是时光的标本，用影像理解世界，以镜头记录时代，照片记录美好生活的瞬间。拍摄照片可以丰富认知、提升思想水平。

关于劳动题材的摄影活动比比皆是，《致敬劳动者》《最美劳动者》《中国梦·劳动美》《美丽中国·最美志愿者》《逐梦新时代·奋进向未来》等作品都是打动人心的劳动影像。

2023 年 5 月 29 日，由中国摄影家协会、江苏省文学艺术界联合会、中共苏州市委宣传部主办的第五届全国青年摄影大展在苏州太湖国家旅游度假区启动。此次全国青年摄影大展以"新时代新征程新伟业"为主题，设立"科技新光""生活你好""绿水青山""古韵新风""家乡故事""爱和成长""魅力苏州·秀美太湖"七个单元，鼓励广大青年摄影家坚持以人民为中心的创作导向，用镜头展现中华大地的新气象、新风貌，展现人民群众丰富的精神世界。

思考 如果你是一名摄影爱好者，将如何用你的镜头捕捉劳动者的美好瞬间？

实践活动 ① 寻找最美技能人

活动目标

1. 树立向优秀典型学习的氛围,鼓励和带动学生共同进步。
2. 营造良好的校风、班风、学风,增强校园活力。
3. 感悟工匠精神,激励青年学生走技能成才、技能报国之路。

活动内容

倡导社会主义核心价值观,弘扬工匠精神。实现由"中国制造"向"中国智造"迈进,需要专业技能人才精益求精的执着信念和精致精细的技术追求。青年学子沿着前辈的足迹,"寻找最美技能人"。寻找本专业最美技能生、最美技能工、最美技能大师,采访他们,了解他们,倾听他们的故事,共话奋斗之路。

1. 最美技能生

在本校寻找本专业优秀的技能生,展示他们传承工匠精神、勤练专业技能、斩获技能大奖、成为技术能手等成果。

2. 最美技能工

深入企业,寻找本专业技术精湛、能力超强的技能工人,展示他们重视职业道德、创新生产技术、提高生产效率等成果。

3. 最美技能大师

通过网络寻找本专业技能大师,分享他们不平凡的经历,激励学生用匠心铸就梦想,用技能成就人生。

活动准备

1. 人员分工

根据活动分组分工表(见下表)安排活动任务。

活动分组分工表

组织设置	工作内容	岗位职责
领导组	由分管校长、学管部、后勤部、团委、班主任等组成,分管校长担任组长,学管部、招生就业处教师、团委相关负责人担任副组长,班主任、招生就业处教师为组员	组长:协调、落实安全保障等

续表

组织设置		工作内容	岗位职责
工作组	策划协调组	负责策划活动，向校团委进行工作报备和活动申请，征求班主任、全班学生的意见和建议，联系和协调相关工作，设计活动方案、宣传方案等	组长：负责落实本组工作内容执行、组员管理、组内分工、组间协调合作 组员：服从组长管理，自觉遵守活动纪律，积极参与活动，在活动中团结协作
	外联组	招生就业处教师开展企业联系工作，了解企业相关情况，制定路线、安全工作方案	
	实施组	以班级为单位，校团委可以把全校班级分为三个组，分别开展"寻找最美技能生""寻找最美技能工""寻找最美技能大师"活动	
	后勤物资组	组织全体学生讨论，充分收集、整理意见和建议，根据活动的需要制定方案，并做好预算；规划交通路线，确定交通工具；布置好活动场地，负责活动的收尾工作	
	安全保障组	向学校安稳办报备，并在学校安稳办指导下拟定《活动安全事项承诺书》，组织全体学生学习安全注意事项，负责活动过程中的安全隐患排查，及时发现、提醒、告诫、制止安全问题	
	宣传编辑组	及时撰写宣传稿件，组织主题班会，及时进行活动总结并进行点评；将总结和简报报校团委审核、存档，报学校办公室进行宣传报道	

2. 安全保障

（1）组织全体学生学习学校安全管理规定，学习记录留存备查。

（2）提前向学校管理部门报备"活动策划方案""活动安全预案申报表"，进一步明确组织安排、人员分工、活动流程和安全责任；拟定《活动安全事项承诺书》，每位学生签字后留存备查。

3. 物资保障

（1）定制有学校标识的文化衫，统一服装。

（2）活动宣传横幅。

（3）购买慰问品。

（4）摄影、摄像器材。

活动实施

1. 分组实施

（1）寻找最美技能生

① 在教务处、学生处查阅资料，寻找本专业优秀的技能生。

② 采访优秀技能生。

③ 汇总优秀技能生材料（图片、文字等）。

(2) 寻找最美技能工

① 招生就业处联系相关企业，班主任组织学生前往企业。班主任进行人员安排、动员讲话，强调纪律、安全等注意事项。到达企业后，活动组长负责集合整队，再次告知所有学生纪律和活动注意事项。

② 采访优秀的技能工人，了解他们的故事及成就。

③ 汇总优秀技能工人的材料。

(3) 寻找最美技能大师

① 上网搜索本专业技能大师。

② 查找、编辑本专业技能大师的事迹。

③ 制作视频并展示。

2. 注意事项

进入生产区域时，禁止触摸任何设备、设施；在危险区域，如吊装、动火区域，禁止逗留；对工厂其他区域，未经批准严禁通行。

3. 总结与反思

按班级制作本次活动总结材料，召开主题班会。

(1) 组织学生展开讨论，进行自评、总结，并形成文字材料进行汇报。

(2) 班主任教师对本次活动进行总体评价。

(3) 每个学生都独立撰写活动感悟。

(4) 相关材料交学校学管部存档。

活动体会

你的收获：_____
_____
_____
_____
_____

你的感悟：_____
_____
_____
_____
_____

改进措施：_____
_____
_____
_____
_____

活动评估

评价项目	评价主体		
	自我评价	小组评价	教师评价
劳动观念			
劳动态度			
劳动情感			
劳动精神			
劳动习惯			
劳动素养			

注：评价等级为 A—优秀，B—良好，C—合格，D—不合格。

主题 2

职业规划

职业规划是一个持续的、系统的计划过程,涵盖了职业生涯乃至人生的方方面面。一个好的规划可能会对一个人的生命历程产生深远的影响。

一、职业规划的定义

职业规划指的是在职业生涯中,通过自我认识、目标设定和决策选择三个关键环节的结合,实现个人职业发展的过程。这个过程包括以下几个方面:自我评估是职业规划的重要内容,深入了解自己的职业目标、兴趣、能力、优缺点和价值观等,可以帮助个人更好地确定自己的发展方向和未来可能的目标;职业研究是通过调查研究行业和职业,了解市场趋势、发展前景和就业机会,从而知道自己适合哪些职业方向;动态学习是不断学习和提高自己的能力和技能,以保持在职场中的竞争力,更好地拓展个人职业发展道路。

职业规划是指个人对自己的职业生涯乃至人生进行全面、系统的规划,从而帮助自己实现职业目标、提升职业发展水平和生活质量的过程。

二、职业规划的意义

职业规划的意义包括提供方向性、推动职业发展、帮助规划者认识自己。

1. 提供方向性

通过职业规划,可以对自己的初期职业方向做出明晰的定义和制定具体的方案,有助于帮助自己在职业生涯中探索和发掘更多的机会,从而实现职业目标。

2. 推动职业发展

职业规划是一个持续的过程,通过不断地反思,调整职业规划,可以开拓新的职业机会,并为实现职业目标制定新的规划和策略,帮助自己在职场上更好地实现个人发展。

3. 帮助规划者认识自己

明确自己的兴趣、优势和价值观,便于更好地选择适合自己的职业,乃至做出更好的职业生涯决策。

由此可见，职业规划可以帮助自己明确职业方向和目标，避免盲目地选择职业和工作；可以帮助认清自身的优势和不足，并有针对性地提升个人能力和职业水平，从而增强在职场中的竞争力；可以对自己所处的职业领域有更深入的了解，增加对其他领域的认识，拓展职业视野，为未来的发展打下基础；可以帮助发挥个人潜力，实现自我价值，从而获得工作的满足感和成就感；可以帮助自己在职业发展过程中随时调整和适应变化的需要，从而保持适应力和竞争力。

三、职业规划的原则

职业规划的原则有利益整合、协作进行、动态目标、时间梯度、发展创新和公平、公开原则。

★利益整合：个人利益与组织利益整合，从而达成一致，实现整体利益最大化。

★协作进行：职业规划的各项活动需要同事们齐心协力，共同制定、实施和参与完成，以达到更好的效果。

★动态目标：组织是不断变化的，组织的职位也会随之变化，因此需要对职业规划进行动态调整，以适应组织的变化和发展。

★时间梯度：人生具有不同的发展阶段和职业生涯周期发展的任务，因此职业规划需要分解为不同的阶段，并按照时间段完成，以确保规划的合理性和可行性。

★发展创新：创新是适应不断变化的环境的基本方法之一。通过创新性的思维和方法，不断完善职业规划，利于适应新的环境和挑战。

★公平、公开：在职业规划过程中，遵循公平、公开的原则，让每个人都平等地参与竞争。

四、职业规划的方法

职业规划的方法有自我认知、寻求反馈、了解就业市场、设定个人愿景、列出行动和寻求帮助。

1. 自我认知

个体对自己的兴趣、性格、能力、优点和缺点等进行深入了解，明确自己想要追求的职业和生活方向。

2. 寻求反馈

通过家人、朋友、教师、同学、同事等渠道，收集别人对你的看法，了解在外部世界中你的形象和能力。

3. 了解就业市场

明确心仪的目标公司有哪些，了解它们有哪些技能需求，以及市场行情。

4. 设定个人愿景

设定长期和短期目标，明确职业规划的方向和步骤。

5. 列出行动

确定具体的行动步骤来实现目标，考虑资源需求及完成时间。

6. 寻求帮助

寻找专业的职业规划师帮助自己明确需求，进行科学的职业规划。

怀匠心

冉洪位：行走在大山深处的"线路名医"

16 年间，爬过 500 余座高山，行走 4.8 万余公里，巡线抢险 400 余次，磨破 40 余双胶鞋，累计诊断缺陷 189 例，服务客户 2 万余户次……数据无言，却是最有力的见证，也是最动人的印记。

冉洪位身为国网重庆城口县供电公司输电运检班班长，16 年间，坚守"扎根一线，奉献大巴山"的初心，始终奋战在输电运检一线，为保障城口县电网安全稳定运行，挥洒着青春与汗水，以实际行动践行了"人民电业为人民"的铮铮誓言。

莽莽大山，沟谷连绵，冉洪位带着检修工具和干粮，跋涉在山岭深处。他仔细对线路设备进行巡视、检修，还不时攀爬上数十米高的铁塔进行高空作业。16 年来，他翻山越岭，蹚水过河，始终奔走在保障用电一线，用速度与智慧践行着电力人的使命担当。

2019 年 1 月 3 日凌晨，城口县某处输电线路突发故障。抢修就是命令！冉洪位组织班组人员火速赶赴现场，经巡视，很快锁定了故障原因：低温造成线路覆冰严重，导致跳闸。此时已是隆冬，雪花被风挟裹着，硬硬地砸在脸上。冉洪位立即申请启用直流融冰装置进行融冰，带领班员彻夜对导线测温，观察脱冰情况。终于，在连续奋战十多个小时后，线路恢复了送电。而此时的冉洪位早已冻得双腿发麻。由于长年在户外作业，冉洪位的膝盖、脚踝落下了病根，一到阴天就隐隐作痛。"这点小伤小痛不算啥，我是电力人，哪里需要，我就去哪里。只要群众需要，我责无旁贷！"

风雨兼程，灯火情深。"人民电业为人民"是冉洪位挂在嘴边的话，更是放在他心里的航标。2021 年 11 月底的一个凌晨，正在睡梦中的冉洪位接到紧急报修电话：沿河乡出现线路故障。要抢修，困难重重。沿河乡地处秦巴大山深处，山高坡陡，峭壁如屏，再加上连日雨雪，盘山公路上都结了冰。经过艰难的跋涉，抢修队终于到达现场。来不及缓一口气，班组人员立即展开抢修。勘查、验电、接地、重新施放导线、拆除接地线……确定完成修复，再汇报至调度申请复电。终于，当天15点26分，该线路成功恢复供电。"这么冷的天，你们硬是赶了过来，真的太感激你们了！""现在的电力服务真是好，这么快就修好了，辛苦你们了！"看到双手被冻得通红的抢修人员，村民们端出了热腾腾的姜汤。望着被灯光照亮的村屯，冉洪位长舒了一口气。

用脚步丈量大山，以匠心磨砺风骨。投身电力事业以来，冉洪位凭着"十年磨一剑"的钻研精神，在平凡的岗位上绽放出不凡的光芒。2018年，冉洪位被派遣参加城开高速线路迁改项目，他提出可行性意见9条次，确保了整个项目的"零缺陷"投运，为业主方节约资金100余万元。2020年7月，220千伏华城线开展带电刷漆检修，但工作一开始就遇到了难题：油漆刷太短，来回攀登铁塔耗时费力还不安全。"现有的工具不合适，我们就自己做！"说干就干，冉洪位找来材料，一边与班组成员商量，一边打孔、焊接……经过24小时奋战，终于制做出一种带电线路杆塔刷漆操作杆，顺利完成了检修。该成果将刷漆作业时间由120分钟缩短至60分钟，并申请了专利。此项专利被重庆市质量协会评为专业技术创新成果二等奖。

冉洪位还紧跟时代步伐，组建带电作业和无人机创新柔性团队，培养了一批批"一专多能"的综合型带电检修作业人才，带领班组成员取得18个QC成果、16项国家专利，负责研制的带电线路杆塔刷漆操作杆、便携式电杆多功能除冰工具等均发挥了实效。"一种电力简易收线装置"实用新型专利获国网重庆市电力公司2020年度专利奖三等奖。他本人也获得了"岗位能手""国家电网公司优秀班组长""五星级红旗班组长"等荣誉。

"行之力则知愈进，知之深则行愈达。"5000多个日日夜夜，冉洪位以一丝不苟的匠心淬炼技艺，用实干连通"知"与"行"的桥梁，让梦想的火种落地生根，用平凡微光点亮了万家灯火。

（资料来源：重庆日报新媒体。）

想一想

"线路名医"冉洪位无论严寒酷热，十几年如一日地坚守在输电运检一线。他的工作态度带给你怎样的启示？

铸匠魂

工匠精神要素 13：严谨细致

严谨细致，是指严密周到、细密精致。严谨细致体现为对工作的高度专注和追求卓越的态度，只有将着力点放在每一个环节、每一个细微之处，方能把事情做得精细、做得出彩。工匠们注重细节，精益求精，从而创造出卓越的作品。他们通过对细节的关注和追求卓越的态度，创造出让人赞叹的作品。他们的工作不仅仅是完成任务，更是对自己的要求和对工作的尊重。

中国新一代运载火箭"总装第一人"崔蕴，从事航天事业 30 多年，坚持做好每一个细节，把握好每一个关口，严谨细致，恪尽职守；"火药雕刻师"徐立平，30 多年来严谨细致，一丝不苟，用生命雕刻出国之重器；导弹点火"把关人"洪海涛，精心打磨每一个零部件，攻克了多项生产难题。即使在追求高效的当下，严谨细致的态度对工作来说也仍然十分重要，只有拥有这样的工作态度，才能处理好每一个环节。

工匠精神要素 14：精益求精

精，指完美、好；益，指更加。精益求精的原意是已经很好、很精致了，还要更好、更精致。比喻已经很好，还求更好。它最早出自南宋·朱熹《论语集注》："言治骨角者，既切之而复磋之；治玉石者，既琢之而复磨之，治之已精，而益求其精也。"

古人对于工作和技能崇尚精益求精，在现代的各行各业中亦是如此。邹韬奋在《事业管理与职业修养·关于工作与学习四》中写道："我们对读者的服务，要尽力使得所服的'务'能精益求精，要尽可能使读者觉得满意。"毛泽东在《纪念白求恩》中指出："白求恩同志是个医生，他以医疗为职业，对技术精益求精。"这些都体现出各行各业对技能的更高追求。只有精益求精、不断钻研，才有可能提高工作技能水平，出色完成本职工作。作为一名技师院校学生，在以后的工作中应永无止境地追寻"没有最好，只有更好"，认真做好每一件事，从小事做起，注重细节，时刻提醒自己要有精品意识，要全力以赴，每个细节都要比别人做得好，具备精益求精的工匠精神。

工匠精神要素 15：精雕细琢

精雕细琢用来形容某件事物或某个过程经过精心设计、细致处理和精确调整的最终效果。它强调的是对细节的关注和努力，以达到最佳效果或最高品质，可以用来形容各种事物，从艺术品到文字、建筑、音乐和制作工艺等。现在，精雕细琢引申为通过深思熟虑、反复琢磨，选择最佳方案，下定决心专心致志从事某项工作，形容做事仔细用心。

曹彦生在导弹"翅膀"上发力，在毫厘间挑战极限；胡洋领军大飞机数字化装配，让各部件偏差控制在 0.5 毫米以内；常晓飞是数控微雕的超级高手，用比头发丝还细的 0.05 毫米刻刀刀头，在直径 0.15 毫米的金属丝上雕刻。我们每个人都需要精雕细琢，来达到自己所预期的目标。看似平凡的工作往往是不简单的，因此在平凡的工作中，也需要仔细用心、精雕细琢，方能提高技能，实现目标。

工匠精神要素 16：薪火相传

薪火相传原意指柴烧尽，火种仍可留传，古时候比喻形骸有尽而精神不灭，后比喻技艺和学问代代相传。庄子在《养生主》里写道："指穷于为薪，火传也，不知其尽也。"现在，薪火相传指的是将知识、经验、技能等宝贵的东西一代一代传下去，将其传承并发扬光大。在工匠精神中，薪火相传指工匠们将技艺、经验和智慧传授给自己的徒弟或学生，以确保传统的工艺和技术传承下去。

宜兴手工紫砂陶技艺产生于宋元时期，成熟于明代，经过千百年的传承，技艺特征仍呈现良好的状态。苏州缂丝织造技艺在南宋时已取得不小的成就，明代时更为精湛，现在又取得了新的突破。贵州安顺的蜡染具有悠久的历史，早在春秋战国时期，人们已经掌握了蜡染工艺。1987 年，在安顺市平坝区苗族洞葬群棺墓中发掘的宋代蜡染衣裙，充分展示了安顺蜡染的传承和发展。这种传承不仅仅是技术层面的传递，更是匠人们对传统工艺的理解、创新和改进。薪火相传在工匠精神中是一种重要的价值观和传统精神，它确保了技艺、经验和智慧的传承，同时培养了后人对工作的热情和追求卓越的态度。

议一议

通过对以上内容的学习，你最深的体会是：

_____
_____
_____
_____
_____

守匠情

活动 1：职业规划演讲

职业伴随人生，人生离不开职业。个人职业的发展、人生的圆满都离不开对职业进行合理的规划与设计。社会经济的发展使社会职业发生了众多变化。当今社会科技发展迅速，人才竞争激烈，因此积极进行职业规划，把握自身职业机会，能有效地引导我们度过有意义的人生，积累有价值的人生经历，对社会做出更大的贡献。

吕尚在《太公金匮》中有云："先谋后事者昌，先事后谋者亡。"说的就是在行动之前应该有所谋划，只有谋划在先，才会成功；如果行动在前、谋划在后，就会失败。但是，谋划不是拍拍脑袋就能想出来的，而必须有一定的调查研究。职业规划就是对自身职业发展的一项谋划，只有在展开职业活动之前进行相应的职业谋划，即职业规划，才能在个人职业发展过程中找准职业方向，明确职业选择，拓展职业能力，做出职业贡献，实现人生价值。

那么，我们在职业规划之前，该如何进行职业规划？需要对什么进行调查研究呢？

首先，应明确自身的基本情况，如个人性格、爱好、优缺点、家庭背景等，做到"知己"。

其次，要对外在环境，如社会经济发展概况、行业发展前景、岗位的基本情况等，做大量的调查，做到"知彼"。

再次，根据"知己知彼"的相关内容，完成信息整理，确定自身的职业目标，完成职业目标的设计。

最后，做出职业规划的实施计划与评估。

做好的职业规划，是否合理呢？现在，请把你的职业规划展现出来，告知大家。大家可以通过你的讲述来判断你的职业规划是否科学合理，是否具有操作性，是否能体现你的个人特色，等等。那么，现在我们就开展一场职业规划演讲吧！

大家可以根据自己的意愿或教师的安排，完成分组，每个小组3～4人。小组展开讨论，将自己的职业规划内容进行梳理与归纳，写出演讲的提纲，完成下表。

职业规划演讲提纲

演讲题目	
自我认知	
职业认知	
职业目标设计	
职业规划的实施计划	
职业规划的评估	
其他	

请每个小组在组内开展一场3分钟的职业规划演讲，并选出一名组员参加班级的职业规划演讲。让我们用演讲的方式，展现职业规划对自身发展的重要性。让我们以职业规划为起点，科学劳动，热爱劳动，积极劳动。

活动2：绘制"金字塔"工作蓝图

一份清晰的职业规划是同学们在未来茫茫职海中寻找正确职业之路的引航标，它将为你后续职业生涯的发展奠定基石，成为实现职业价值的有力保障。在如今人才竞争激烈的大环境中，合理的职业规划成为脱颖而出的利器。它指的是个人在充分了解自我的前提下，确定适合自己的职业目标和方向，并制订相应的计划。

在制定职业规划之前，必须注意几个前提。首先是充分认识自我，只有充分了解自身喜好、知识技能水平、生活经验等，才可能做出一份适用于自己的独特规划。其次是要分阶段确定目标，有些目标是长远目标，不能一蹴而就，需要通过完成几个小目标才能实现，因此我们需要确定长期目标和短期目标。最后需要考虑规划的可变性和合理性，随着我们自身综合素质的提高，我们所认为的职业目标会有相应的变化，因此为了让职业生涯有更长远的发展，需要依据实际情况调整规划，但是不可以改变核心宗旨，还是要以长期目标的实现为核心。

同学们在校这几年时光是实现职业长期目标的"打地基"阶段，为了充分利用这段时光，现在请制作一张属于自己的在校期间"金字塔"工作蓝图。这张蓝图需要按照金字塔结构进行构建，金字塔结构的样式需要同学们自行搜集资料来查询。同时，蓝图需要具备以下几项要素：自我评价、长期目标、短期目标、环境评价、实施策略、评估与反馈。完成蓝图后，全班同学进行展示交流，并贴在你的本子上，用来对你的后续学习生涯进行指导和检验。

制作完在校期间"金字塔"工作蓝图之后，你有什么感悟呢？在了解其他同学的蓝图后，你认为自己的蓝图有什么地方需要进行修改吗？

谈一谈

做完这个游戏后，你的感悟是：

_____
_____
_____
_____
_____

践匠行

测一测

本测试共有90道题目，每道题目是一个陈述，请根据自己的真实情况对这些陈述进行评价，如果符合实际情况就在相应的题目前打"√"，否则打"×"，不要漏答。

职业兴趣测试

1. 强壮而敏捷的身体对我很重要。	4. 和他人的关系丰富了我的生命并使它有意义。
2. 我必须彻底了解事情的真相。	5. 我自信会成功。
3. 我的心情受音乐、色彩和美丽事物的影响极大。	6. 我做事必须有清楚的指引。

续表

7．我擅长自己制作、修理东西。	49．我喜欢周边环境简单而实际。
8．我可以花很长的时间去想通事情的道理。	50．我会不断地思索一个问题，直到找出答案为止。
9．我重视美丽的环境。	51．大自然的美深深地触动我的灵魂。
10．我愿意花时间帮别人解决个人危机。	52．亲密的人际关系对我很重要。
11．我喜欢竞争。	53．升迁和进步对我极重要。
12．我在开始一个计划前会花很多时间去制订计划。	54．当我把每日工作计划好时，我会较有安全感。
13．我喜欢使用双手做事。	55．我不害怕过重工作负荷，且知道工作的重点。
14．探索新构思使我满意。	56．我喜欢能使我思考、给我新观念的书。
15．我通过寻求新方法来发挥我的创造力。	57．我希望能看到艺术表演、戏剧及好的电影。
16．我认为能和别人分担自己的焦虑是很重要的。	58．我对别人的情绪低潮相当的敏感。
17．成为群体中的关键任务执行者对我很重要。	59．能影响别人使我感到兴奋。
18．我对自己能重视工作中的所有细节感到骄傲。	60．当我答应一件事时，我会竭尽全力监督所有细节。
19．我不在乎工作把手弄脏。	61．我希望粗重的肢体工作不会伤害任何人。
20．我认为教育是个发展及磨炼脑力的终身学习过程。	62．我希望能学习所有使我感兴趣的科目。
21．我喜欢非正式的穿着，尝试新颜色和款式。	63．我希望能做些与众不同的事。
22．我常能体会到某人想要和他人沟通的需要。	64．我对别人的困难乐于伸出援手。
23．我喜欢帮助别人不断改进。	65．我愿意冒一点险以求进步。
24．我在决策时，通常不愿冒险。	66．当我遵循成规时，我感到安全。
25．我喜欢购买小零件，做成成品。	67．我选车时，最先注意的是好的引擎。
26．有时我长时间阅读，玩拼图游戏，冥想生命本质。	68．我喜欢能刺激我思考的话。
27．我有很强的想象力。	69．当我从事创造性的事时，我会忘掉一切旧经验。
28．我喜欢帮助别人发挥天赋和才能。	70．我对社会上有许多人需要帮助感到关注。
29．我喜欢监督事情直至完工。	71．说服别人依计划行事是件有趣的事情。
30．如果我面对一个新情景，会在事前做充分的准备。	72．我擅长检查细节。
31．我喜欢独立完成一项任务。	73．我通常知道如何应对紧急事件。
32．我渴望阅读或思考任何可以引发我好奇心的东西。	74．阅读新发现的书是件令人兴奋的事情。
33．我喜欢尝试创新的概念。	75．我喜欢美丽、不平凡的东西。
34．如果我和别人发生摩擦，我会不断尝试化干戈为玉帛。	76．我经常关心孤独、不友善的人。
35．要成功就必须定高目标。	77．我喜欢讨价还价。
36．我喜欢为重大决策负责。	78．我花钱时小心翼翼。
37．我喜欢直言不讳，不喜欢转弯抹角。	79．我用运动来保持强壮的身体。
38．我在解决问题前，必须把问题进行彻底分析。	80．我经常对大自然的奥秘感到好奇。
39．我喜欢重新布置我的环境，使它与众不同。	81．尝试不平凡的新事物是件相当有趣的事情。
40．我经常借着和别人交谈来解决自己的问题。	82．当别人向我诉说他的困难时，我是个好听众。
41．我常想起草一个计划，而由别人完成细节。	83．做事失败了，我会再接再厉。
42．准时对我来说非常重要。	84．我需要确切地知道别人对我的要求是什么。
43．从事户外活动令我神清气爽。	85．我喜欢把东西拆开，看看能否修理它们。
44．我不断地问：为什么？	86．我喜欢研究所有的事实，再有逻辑地做出决定。
45．我喜欢自己的工作能够抒发我的情绪和感觉。	87．没有美丽事物的生活，对我而言是不可思议的。
46．我喜欢帮助别人找可以和他人相互关注的办法。	88．人们经常告诉我他们的问题。
47．能够参与重大决策是件令人兴奋的事情。	89．我常能借着资讯网络和别人取得联系。
48．我经常保持清洁，喜欢有条不紊。	90．小心谨慎地完成一件事是很有成就感。

填一填

R 实际型	1	7	13	19	25	31	37	43	49	55	61	67	73	79	85
I 研究型	2	8	14	20	26	32	38	44	50	56	62	68	74	80	86
A 艺术型	3	9	15	21	27	33	39	45	51	57	63	69	75	81	87
S 社会型	4	10	16	22	28	34	40	46	52	58	64	70	76	82	88
E 企业型	5	11	17	23	29	35	41	47	53	59	65	71	77	83	89
C 常规型	6	12	18	24	30	36	42	48	54	60	66	72	78	84	90

计分办法：上表中的数字代表职业兴趣测试中的题号，请算出每种类型打"√"的题目数，并填在下面。

R 实际型：_____　　I 研究型：_____

A 艺术型：_____　　S 社会型：_____

E 企业型：_____　　C 常规型：_____

将上述分数在前三位的类型依次填在下面。

第一位（主要职业兴趣）：_____

第二位（次要职业兴趣）：_____

第三位（次要职业兴趣）：_____

根据职业兴趣类型分数由高到低，你的三个职业兴趣代码为：_____

_____

通过网络查询"霍兰德职业兴趣测试结果对照表。"你的主要职业兴趣类型为：_____

_____

此职业兴趣类型的基本特征是：_____

_____

_____

此职业兴趣类型的典型职业有：_____

_____

_____

你的职业兴趣代码对应职业有：_____

_____

_____

其中，你感兴趣的职业是：_____
_____
_____

你对感兴趣的职业的认识：_____
_____
_____
_____

实践活动 ② 筑梦青春，规划启航

活动目标

1. 树立正确的价值观、择业观和就业观，加深对专业的认识。
2. 引导学生合理规划学业与职业生涯，为未来求职奠定基础。
3. 懂得理性分析自我和社会环境，学会未雨绸缪。

活动准备

1. 培训学习

（1）在教师的指导下，召开主题班会，提前收集学生关于本次活动的意见和想法，经过商量后，确定本次活动的主题、活动具体流程。各组明确活动任务，在教师的指导下，策划协调组邀请学校招生就业处 3~5 名教师作为本次活动的评委，并邀请优秀毕业生代表 1~2 人回校交流。

霍兰德职业兴趣理论

在当今充满竞争和机遇的职场中，找到一份满意的工作是每个人都渴望的事。为了实现这个目标，我们应提前了解自己的兴趣和职业倾向。约翰·霍兰德（John Holland）于 1959 年提出了著名的职业兴趣理论。他认为人的人格类型、兴趣和职业密切相关，并提出了六种人格类型和对应的职业倾向。

（1）实际型（Realistic）

偏好实际、实用的工作，喜欢有规则的具体劳动和需要基本操作技能的工作，如建筑、工程、农业等。

（2）研究型（Investigative）

喜欢思考、解决问题，喜欢智力的、抽象的、分析的、独立的定向任务这类研究性质的职业，通常在科学、医学、研究等领域表现出色。

（3）艺术型（Artistic）

具有想象、冲动、直觉、情绪化、理想化、有创意等人格特征，喜欢在艺术、文学、音乐等领域发挥才华。

（4）社会型（Social）

具有合作、友善、助人、圆滑、善言谈、善社交、洞察力强等人格特征，通常在教育、社会工作、心理学等领域工作。

（5）企业型（Enterprising）

具有冒险、野心人格特征，喜欢从事领导及企业性质的职业，适合从事管理层方面的工作。

（6）常规型（Conventional）

具有顺从、谨慎、保守、有效率等人格特征，喜欢系统有条理的工作，典型职业包括秘书、办公室人员、会计、行政助理、税务员等。

（资料来源："学习强国"青岛学习平台。）

（2）在招生就业处教师的指导下，各班级组织学生学习优秀的职业生涯规划书，并以小组为单位，思考、讨论并汇报职业生涯规划书的内容要素。

2. 联络沟通

班、团干部事先联系学校安稳办、校团委（安全管理部门），汇报本次活动的目的、意义、安全预案，以得到学校安稳办、校团委的同意、支持和帮助。

3. 人员分工

根据活动分组分工表（见下表）安排活动任务。

活动分组分工表

组织设置		工作内容	岗位职责
领导组		由团支书、班长、生活班长组成，团支书担任组长，班长、生活班长担任副组长；全面统筹活动工作	组长：协调、落实安全保障等
工作组	策划协调组	负责策划活动，向校团委进行工作报备和活动申请，征求班主任、全班学生的意见和建议，联系和协调相关工作，设计活动方案、宣传方案等；领导组成员要参与本组工作	组长：负责落实本组工作内容执行、组员管理、组内分工、组间协调合作
	数据整理组	在领导组的监督下，整理每个参赛选手的打分数据及参赛选手在汇报等环节的打分情况，并将分数进行公示	

续表

组织设置		工作内容	岗位职责
工作组	实施组	以班级学习小组为单位划分小组。由学习组长担任小组长，小组长组织本组学生提前准备好职业生涯规划书、汇报PPT	组员：服从组长管理，自觉遵守活动纪律，积极参与活动，在活动中团结协作
	后勤物资组	组织全班学生讨论，充分收集整理意见和建议，根据活动需要制定方案，并做好预算；负责活动的收尾工作	
	安全保障组	向学校安稳办报备，并在学校安稳办指导下拟定《活动安全事项承诺书》，组织全班学生学习安全注意事项，负责活动过程中的安全隐患排查，及时发现、提醒、告诫、制止安全问题	
	宣传编辑组	负责拟定活动宣传方案、设计及制作横幅；负责活动中的摄影、摄像和相关宣传资料的收集；负责活动后期的对外宣传工作，将总结和简报报校团委审核、存档，报学校办公室进行宣传报道	

4．安全事项

（1）组织全班学生学习学校安全管理规定，学习记录留存备查。

（2）提前向学校管理部门报备"活动策划方案""活动分组分工表"，进一步明确组织安排、人员分工、活动流程和安全责任；拟定《活动安全事项承诺书》，每位学生签字后留存备查。

5．物资准备

（1）每位学生都准备好职业生涯规划书、汇报PPT及其他相关材料。

（2）活动宣传横幅。

（3）摄影、摄像器材。

（4）以勤俭节约为原则，准备奖品。

（5）以勤俭节约为原则，准备评委的饮用水。

6．场地准备

活动场地安排在机房和多媒体功能室，提前与负责场地的负责教师沟通，协调好活动时间。

活动实施

1．精心准备

组织召开班、团干部会议，明确活动目的和意义。收集学生意见和建议，整理归纳后召开一次主题班会，确定职业生涯规划书比赛的流程，确定评委名单，确定要邀请的优秀毕业生代表，明确人员分工和任务。评委准备好评分细则，宣传编辑组及时发布评分细则，领导组负责联系优秀毕业生代表。

2．初赛

（1）实施组在各小组长的组织下，在机房制作好个人职业生涯规划书和汇报PPT，并在教师的指导下，将上述材料提交至评委的电子邮箱。

（2）评委根据初赛作品筛选出决赛人选，并在班级群及时公布进入决赛的选手名单。

3. 决赛

（1）决赛选手在多媒体功能室进行作品展示和汇报，汇报时间限时 10 分钟。评委根据选手表现及作品进行打分。

（2）根据比赛结果，班主任为取得优异成绩的学生颁发奖品，并对评委表示感谢。

4. 总结与反思

（1）教师向全班学生展示部分优秀的职业规划设计书和汇报 PPT。全班学生以小组为单位，思考、讨论优秀的职业规划设计书应包含哪些要素。

（2）邀请优秀毕业生到现场给大家讲解在求职过程中，做好职业规划的重要性，并对学弟学妹们提出希望。

（3）每个学生都独立撰写活动感悟，班主任和宣传编辑组共同选出优秀的活动感悟并发布在学校微信公众号上。

活动体会

你的收获：_____

_____

_____

_____

_____

_____

你的感悟：_____

_____

_____

_____

_____

改进措施：_____

_____

_____

_____

_____

_____

活动评估

评价项目	评价主体		
	自我评价	小组评价	教师评价
劳动观念			
劳动态度			
劳动情感			
劳动精神			
劳动习惯			
劳动素养			

注：评价等级为 A—优秀，B—良好，C—合格，D—不合格。

第五单元

养成劳动习惯　拓展职业能力

　　技术工人队伍是支撑中国制造、中国创造的重要力量。我国工人阶级和广大劳动群众要大力弘扬劳模精神、劳动精神、工匠精神，适应当今世界科技革命和产业变革的需要，勤学苦练、深入钻研，勇于创新、敢为人先，不断提高技术技能水平，为推动高质量发展、实施制造强国战略、全面建设社会主义现代化国家贡献智慧和力量。

——摘自 2022 年 4 月 27 日，习近平致首届大国工匠
创新交流大会的贺信

学习目标

1. 认识和弘扬工匠精神的内涵和价值，了解职业能力的种类。
2. 养成热爱劳动、诚实劳动的习惯，拓展职业能力，提升专业技能。
3. 弘扬热爱劳动、诚实劳动的美德，培养优秀的职业精神。

课程思政

思政教学要点

习近平总书记关于工匠精神的论述

思政教学内容

执着专注、精益求精、一丝不苟、追求卓越的工匠精神

思政教学设计

习惯一般是指在长时期里逐渐养成的、较稳定的、不易改变的行为。《大戴礼记·保傅》云："少成若性，习贯之为常。"人一旦形成良好的劳动习惯，不仅可以锻炼身体、锻炼意志力，更能培养勤劳善良、乐于助人、自立自强的优良品质。良好的劳动习惯是成为工匠大师的重要条件。"如切如磋，如琢如磨"，执着专注、精益求精、一丝不苟、追求卓越的工匠精神是中国共产党人精神谱系中的伟大精神之一，是中华文化的重要组成部分，是促进社会创新和发展进步的重要推动力。

本单元重点学习习近平总书记关于工匠精神的核心内涵、时代意义的论述，培育大国工匠的途径，以及职业能力的类型、提升方法等。通过寝室收纳、包饺子、树文明形象等活动，引导学生逐步养成比超敢拼、吃苦耐劳、操作规范、认真细致的劳动习惯，为学生未来就业打下良好的劳动基础；通过开展职业画像、技能大赛等活动，让学生意识到专业技能的重要性，为学生成长成为工匠大师打下良好的专业基础。

习近平总书记强调，各级党委和政府要高度重视技能人才工作，大力弘扬劳模精神、劳动精神、工匠精神，激励更多劳动者特别是青年一代走技能成才、技能报国之路，培养更多高技能人才和大国工匠，为全面建设社会主义现代化国家提供有力人才保障。

无数工匠大师为国家发展贡献出力量，奉献了青春。美好生活，从我做起；国家富强，有我出力。

主题 1

诚实劳动

劳动之魂

王莉佳：守护电网"心脏"，争当"巾帼卫士"

王莉佳是国网重庆市电力公司江北供电分公司空港变电运维班班长。她是拥有多项荣誉的"能人"，先后被评为重庆市劳动模范、优秀共产党员、巾帼建功标兵，2020 年被评为全国劳动模范。面对诸多荣誉，她仍保持着最初的那份执着与真诚，用心经营着自己平凡的"变电人生"。

让时间回到 1997 年 8 月，王莉佳告别了校园，成为重庆市界石堡变电站的一名变电运维值班员。在不少人看来，电力生产运维一线工作是男人干的。那时候，王莉佳也没太多想法，误打误撞进了这行。王莉佳回忆，刚参加工作的时候，到界石堡变电站报到，一进场，"滋滋滋"的电弧声十分刺耳，粗粗的电线管密密麻麻……看到这样的工作环境，自己也不明白，为啥进了这行。

"既来之，则安之"，王莉佳这样安慰自己，沉下心来，潜心钻研。她渐渐发现，这行并不枯燥，还充满乐趣。基于电力行业的特殊性，变电站检修、维护工作通常安排在凌晨。若是遇到重要的停电维护、检修工作，王莉佳的身影一定出现在现场。多年来，她已经记不清熬了多少个夜，赶了多少次现场。

从 1997 年至 2020 年，江北电网变电站数量增长了 5 倍，达到 60 多座。王莉佳累计参与完成了 17 座新建变电站的验收投运和 50 余项变电站扩容、主设备更换、无人值班改造等重点技改工程，点亮了万家灯火。

这些年，扎根一线的宝贵经验让王莉佳明白，"要把设备维护好，就必须和设备交朋友"。如今，王莉佳所在的空港变电运维站负责的变电站达到了 23 座。

为使班组员工在工作中能做到有据可查，她对自己多年的运维工作经验进行总结，并结合设备情况分变电站编写了专业技术规程、重特大事故处理应急预案 30 余册，累计 180 万字。

为减少停电对居民、企业的影响，重要停电检修工作往往安排在凌晨，检修送电工作一干就到天亮了。遇到重大保电任务，王莉佳必会亲自梳理细节，提前做好保电设备隐患排查，做好保电期间特殊巡视、应急响应的安排。

重庆市人和变电站是一座 220 千伏枢纽站，周边既有机场，又有轨道交通，一旦设备出现故障，影响重大。冷却系统是设备的保护装置，如果出现故障后 1 小时内没有修复，变压器就会跳闸，造成大面积停电，后果不堪设想。"人和变电站冷却系统故障，你赶紧到现场！"某天清晨，王莉佳在上班路上接到单位打来的紧急电话。她立马将车停下，换上爱人开车，她在后排争分夺秒，一边换装，一边与现场电话沟通。爱人将她第一时间送到现场，她在 1 小时内成功抢修，未造成停电事故。

2019 年，两座增量配网试点区域 220 千伏变电站的建成投运，王莉佳在验收中严格把关，发现并整改了设备缺陷 60 余项，实现了这两座 220 千伏变电站零缺陷投运，助推两江新区增量配电业务售电侧改革稳步推进。

她还带领团队积极推动新技术应用，在尖山等 12 座变电站上加装主动干预消弧装置 27 套，主动分析新装置的运行数据，并积极与厂家工作人员探讨，发现设备软件的缺陷，促成厂家对主动干预消弧装置进行两次软件升级，使新技术在实践运用中收到了良好的效果，有效避免了多起电缆烧损故障。

她的团队主动承担泛在电力物联网的建设，积极参与国网首个云边协同多站融合项目在沙沟 110 千伏变电站的投运，对全国多站融合联网运行产生了示范效应。

作为公司技术专家人才，王莉佳十分注重团队能力的提升。她帮助新进员工拟定培训计划，定期对他们的学习情况进行考评；从工作中的问题出发，带领大家搞创新，不断攻克各类难题。

"王莉佳劳模创新工作室"成立，她提出"设备存在安全隐患的必新、不利于生产工艺的必新、影响优质服务质量的必新、因循守旧的管理方式必新、不利于企业团结和谐的必新"的"五必新原则"。在她的带领下，工作室已输出创新成果 109 项，取得国家授权专利 105 项，其中发明专利 10 项。

此外，由王莉佳主持研究的"用于环网柜内的设备停送电的操作头""一种室外变压器呼吸器防雨罩"等 6 项课题取得国家实用新型专利，指导研究的"移动式安全告警装置"获重庆市职工优秀技术创新成果二等奖，在生产实践中得到广泛推广和使用。

（资料来源：新浪网。）

谈感受

通过学习全国劳动模范王莉佳的故事，你最深的印象是：

_____
_____
_____
_____
_____

劳动之道

享丰收之美，行劳动之乐

活动时间	_____年_____月_____日
活动地点	学校农业实训基地
活动准备	1．准备活动横幅、菜篮子、电子秤、剪刀、垃圾袋等。 2．准备蔬菜：茄子、辣椒、黄瓜、西红柿等。 3．准备好摄影、摄像设备，用于活动过程的记录。 4．准备好笔和笔记本，以便记录采摘的各种蔬菜的种类、重量等。
活动目标	1．认知性目标：了解农业实训基地中各种蔬菜的特点、种植要求、生长过程等。 2．参与性目标：通过采摘蔬菜，让学生参与田间劳作。 3．体验性目标：了解蔬菜种植过程中病虫害的防治，体验菜农的艰辛。 4．技能性目标：通过操作实践，掌握正确的蔬菜采摘、存放技巧。 5．创造性目标：在劳动过程中发现问题，并能通过网络、查阅图书资料、请教专业课教师或求助于有经验的菜农等方式，创造性地解决实际问题。
活动过程	1．用摄影、摄像设备记录在农业实训基地采摘蔬菜的盛况。 2．讲解采摘蔬菜的注意事项及采摘要领，提醒学生注意安全。 3．将学生分为若干小组，分别采摘不同种类的蔬菜。 4．发放菜篮子、剪刀等采摘蔬菜的工具。 5．教师进入农业实训基地，向学生示范蔬菜采摘技术要领。 （1）在采摘蔬菜过程中，注意将采摘的蔬菜轻拿轻放进菜篮子，避免造成浪费。 （2）对蔬菜茎蔓出现病变、斑点，黄瓜、茄子等蔬菜出现尖嘴，长把，中间细、两头粗之类的畸形果实的情况及时记录并处理。 （3）采摘蔬菜时用剪刀剪掉菜蒂，不可使用蛮力拉扯植株，避免损伤植株。 6．将采摘好的蔬菜称重，分类存放，注意避免浪费。 7．用摄影、摄像设备记录蔬菜采摘活动的全过程。 8．清理农业实训基地的垃圾，并将垃圾分类存放到垃圾站。 9．将采摘的蔬菜送往学校食堂进行加工，分享劳动成果。

续表

活动过程	

师生采摘蔬菜忙

学生分享丰收的喜悦

话 感 悟

通过本次"享丰收之美,行劳动之乐"活动,你的感悟是:

_____
_____
_____
_____
_____
_____

劳动之术

一、工匠精神的内涵

2016年3月5日,时任国务院总理李克强在政府工作报告中提出,"要鼓励企业开展个性化定制、柔性化生产,培育精益求精的工匠精神,增品种、提品质、创品牌"。这是"工匠精神"首次被写入政府工作报告。

工匠精神，是指工匠对自己的产品精雕细琢，追求完美和极致，对精品有着执着的坚持和追求、精益求精的精神理念。工匠们喜欢不断雕琢自己的产品，不断改善自己的工艺，享受产品在双手中升华的过程。工匠精神的目标是打造本行业最优质的产品、其他同行无法匹敌的卓越产品。概括起来，工匠精神就是追求卓越的创造精神、精益求精的品质精神、用户至上的服务精神。

二、工匠精神的作用

工匠精神，源自于我国古代的工匠，他们勤劳、聪明、技艺高超，对手工艺制作有着极高的热情。在长期的历史沉淀中，工匠精神逐渐成为我国传统文化中的一种精神象征。工匠们通过自己的技艺，为社会创造了丰富的物质财富，同时也创造了精神财富。

自古以来，我国崇尚工匠精神，认为它是我国传统文化的重要组成部分。在现代社会，工匠精神依然发挥着重要作用，主要体现在以下几个方面。

1. 有助于提高产品质量

在现代社会，竞争日益激烈，产品更新换代速度加快，只有那些具备高超技艺和严谨态度的工匠，才能生产出高质量的产品。这些产品不仅具备较高的使用价值，而且具有很高的审美价值，为人们的生活带来了极大的便利。

2. 有助于推动我国经济发展

在当前全球化背景下，我国经济正面临着调整和转型。在这个过程中，工匠精神可以起到关键作用。通过传承和发扬工匠精神，我国可以吸引更多的外资和技术，提高我国在全球经济中的地位。同时，工匠精神还可以促进我国内部经济结构调整，推动传统产业的升级和转型，从而实现我国经济的可持续发展。

3. 有助于提升我国文化软实力

在全球文化交流日益密切的今天，我国的文化软实力成为国家形象的重要组成部分。而工匠精神，作为我国传统文化的重要组成部分，对于提升我国文化软实力具有积极作用。通过弘扬工匠精神，我国可以传播自己的优秀文化，让世界了解和认同中国文化，从而提升我国在国际社会中的地位。

总之，工匠精神是我国传统文化的重要组成部分，它在提高产品质量、推动经济发展、提升文化软实力等方面具有重要作用。因此，我们应该高度重视工匠精神，努力传承和发扬这一优秀品质，从而为我国的繁荣发展做出贡献。

三、弘扬工匠精神的时代意义

1. 弘扬工匠精神是供给侧结构性改革的需要

有效供给不足与供需错配在我国经济中并存，导致消费外溢，其主要原因就是我国企业及其产品的市场竞争力不强。企业及其产品的竞争力在很大程度上取决于劳动者的竞争力，而人的质量决定着产品的质量。因此，激发广大劳动者弘扬工匠精神，提升全社会的勤奋作为、创新发展意识，为培育更多的优秀企业和名优产品奠定坚实基础，对推进供给侧结构性改革有着重要的战略价值。

2. 弘扬工匠精神是加快转型升级的需要

提倡工匠精神是促进我国制造业转型升级的需要。目前，我国仍然面临着经济发展方式转型和产业结构升级的重大任务，而要完成这一任务，实现由制造大国到制造强国的转变，实现由中国制造到中国创造的跨越，离不开广大劳动者的创新和创造，离不开对工匠精神的继承和发扬。当前，我国制造业大而不强，科技含量有待进一步提高，结构调整和转型升级的任务越来越紧迫。这就需要弘扬工匠精神，通过科技创新与技术创新推进制造业的质量升级、技术升级、产业升级，真正实现从量到质、从速度到效益、从旧动力到新动力的更迭转换。

3. 弘扬工匠精神是新时代的使命呼唤

当前，我国正以新的发展理念和新的发展方式推动形成先进生产力，以"质"的提升带动"量"的提高，其中的关键在于创新。创新，终究是由人来完成的，各行各业的劳动者和大国工匠，不仅是我国在各个历史时期取得重大成就的基石，更是新时代建设社会主义现代化强国的主力军。

四、培育大国工匠的途径

培育大国工匠，需要从以下几个途径入手。

1. 提高技能培训水平

大国工匠的培养需要以高技能人才作为基础，因此需要加强技能培训，提高工匠的技能水平。这可以通过开设职业技术学校和培训课程来实现。

2. 鼓励创新和发明

大国工匠需要有创新的头脑和实践能力，因此应鼓励工匠进行创新和发明，提供更多的支持和资源，以实现他们的创意。

讲感触

通过对工匠精神的学习，你最深的体会是：

_____

_____

_____

_____

_____

劳动之美

1. 阅读小故事

善意的谎言

小猪是个懒家伙，春天到了，它既不播种，也不干活。一天，小猪的好朋友小刺猬对它说："小猪小猪，我家地里要松土锄地了，但是我的种子还没买呢！请你帮帮我。"

小猪只好答应了。松好了土，小刺猬又对小猪说："小猪小猪，我想起来了，我的奶奶生病了，我要去看望她、照顾她，还要麻烦你帮我播种，可以吗？"

小猪点点头，答应了。播好了种子，小猪打电话给小刺猬说："小刺猬，你要回来了吗？种子已经播下去了！"小刺猬却十分抱歉地说："对不起，真是对不起，我一时半刻赶不回来。"

小猪只好挂掉了电话。它来到小刺猬的田地里，看到嫩嫩的小芽从土里钻出来，在烈日下，在微风中摇摇晃晃，好可爱呀！它想："这么可爱的小芽，如果不给它们浇水，它们会渴死吧？"

于是它提来水，浇啊浇。浇完水之后，小猪又说："小芽会不会饿了？还是给它们施些肥吧！"小猪又扛来肥料，施了肥。它又想："要是小刺猬回来，发现我把它的蔬菜种死了，那可不成！"于是，它又给小芽除草。

一天又一天，时间很快过去了，蔬菜长得好极了，小刺猬也正巧在这个时候回来了。小猪说："瞧，我把你的菜地照料得可好？"

小刺猬笑着说："是你的菜地！你种出来的，不就是你的吗？"

思考 劳动素养包括哪些方面？劳动对个人有哪些意义？

_____
_____
_____
_____

2. 欣赏影视剧

《花开时节》是由中央电视台、中共河南省委宣传部、河南广播电视台、共青团中央网络影视中心等联合出品，由陈胜利执导，孙萍丽、陈冠英等主演的青春励志剧。该剧于2019年7月11日在中央电视台电视剧频道播出。

该剧讲述了一名来自兰考的年轻副乡长带领一群女农民工前往新疆采摘棉花的奋斗故事。剧中人物大妮和安妮是一对来自河南兰考的亲姐妹，她们一起跟随兰考县东乡副乡长蓝文明带领的采棉队奔赴新疆采摘棉花。在采棉的过程中，发生的小黑羊事件、网络视频事件、窝工事件、撞牛事件、火灾事件等一系列突发事件牢牢绊住了蓝文明。大妮忍辱负重，最后终于成长为不怕事、敢创业的新农民，而安妮通过直播平台成为网红"棉花妹妹"，并终于领悟到诚实劳动、安身立命的深意。

思考 该剧体现了哪些主题？反映了劳动者的哪些优秀品质？塑造了当代劳动者怎样的时代光辉形象？

_____
_____
_____
_____
_____

3. 感悟艺术美

无论是在古代，还是在当今，人们都按照美的规律，运用建筑艺术独特的艺术语言，通过施工完成建筑物的建造。这一过程无不体现出劳动者的智慧，一些标志性建筑物具有文化价值和审美价值，具有象征性和形式美，同时体现出民族性和时代感。

历时3年拍摄制作完成的《中国古建筑》纪录片，分为《天覆地载》《唐风咏时》《卯木春雪》《匠心独运》《夕阳凝紫》《庭院深深》《湖山品园》和《营造传承》8集，分别从历史、技艺、文化、传承四个角度系统地向观者介绍中国古建筑的知识。其中，有代表性的古建筑有故宫博物院、颐和园、赵州桥、徽派古建筑、平遥古城、西安钟楼、福建土楼等。

在当代，很多城市具有自己的标志性建筑，如北京的天安门广场、上海的东方明珠塔、广州的广州塔、天津的天塔旋云、重庆的解放碑等。这些标志性建筑是一个城市的门面、城市的名片、城市的形象，它所具有的独特的魅力也成为人们衡量城市历史文化积淀和城市文明的标准。

思考 你所在城市有标志性建筑吗？它有哪些意义？体现了劳动者的哪些智慧？

_____
_____
_____
_____
_____

实践活动 ① 美好生活，从我做起

活动目标

1. 创建干净、整洁、舒适的个人生活环境。
2. 体验生活，体会父母的艰辛，感恩父母。
3. 培养吃苦耐劳、团结协作的意识，弘扬热爱劳动的美德。

活动内容

为进一步落实德智体美劳"五育并举"的理念，逐步构建有特色的劳动教育体系，使学生树立正确的劳动观念，强化劳动能力，发挥劳动在促进学生成长成才过程中的作用，学校开展"美好生活，从我做起"实践活动，通过寝室收纳、包饺子、树文明形象等活动让学生体验劳动带来的快乐，树立"以辛勤劳动为荣、以好逸恶劳为耻"的劳动观，让中华民族勤俭、奋斗、创新、奉献的劳动精神在一代又一代青少年身上发扬光大。活动具体内容如下。

1. 寝室巧收纳

收纳教师讲授物品收纳的基本原则，并利用被子、被套、各类衣物、行李箱等道具进行现场演示。之后，学生动手整理、收纳自己的寝室，使学生懂得如何更加合理地分配和利用空间，激发学生改造寝室、创造美好寝室环境的内在动力。

2. 饺子暖人心

校团委组织开展"饺子暖人心"包饺子活动，从准备各种食材，到动手包饺子，展示自己的劳动成果，最后品尝自己包的饺子，锻炼学生的动手动脑的能力，培养他们爱惜粮食、尊重劳动、尊敬劳动者等优秀品质。

3. 树文明形象

在全校范围内开展树文明形象活动，通过制定良好卫生行为准则、发现身边不文明现象、主题班会等活动，从生活起居、清洁卫生、饮食习惯、用眼卫生、体育锻炼等方面，让学生养成良好的生活习惯，促进学生的个人成长，增强学生的体质，树立文明学生形象。

活动准备

1. 人员分工

根据活动分组分工表（见下表）安排活动任务。

活动分组分工表

组织设置		工作内容	岗位职责
领导组		由分管校长、学管部、后勤部、团委、收纳指导教师、班主任组成，分管校长担任组长，学管部、后勤部、团委相关负责人担任副组长，收纳教师、班主任为组员	组长：协调、落实安全保障等
工作组	策划协调组	负责策划活动，向校团委进行工作报备和活动申请，征求班主任、全班学生的意见和建议；联系和协调相关工作，设计活动方案、宣传方案等	组长：负责落实本组工作内容执行、组员管理、组内分工、组间协调合作 组员：服从组长管理，自觉遵守活动纪律，积极参与活动，在活动中团结协作
	实施组	本活动为系列活动，以班级为单位开展。校团委把全校班级分为三个组，分别开展"寝室巧收纳""饺子暖人心""树文明形象"活动	
	后勤物资组	组织全体学生讨论，充分收集整理意见和建议，根据活动的需要制定方案，并做好预算；校团委负责联系收纳教师；后勤部负责联系食堂，提供包饺子、煮饺子的场地	
	安全保障组	向学校安稳办报备，并在学校安稳办指导下拟定《活动安全事项承诺书》，组织全班学生学习安全注意事项；负责活动过程中的安全隐患排查，及时发现、提醒、告诫、制止安全问题	
	宣传编辑组	及时撰写宣传稿件，组织主题班会，及时进行活动总结并进行点评；将总结和简报报校团委审核、存档，报学校办公室进行宣传报道	

2. 安全保障

（1）组织全体学生学习学校安全管理规定，学习记录留存备查。

（2）提前向学校管理部门报备"活动策划方案""安全预案申报表"；拟定《活动安全事项承诺书》，每位学生签字后留存备查。

3. 物资保障

（1）定制有学校和志愿者标识的文化衫，统一服装。

（2）活动宣传横幅。

（3）购买包饺子所用食材。

（4）准备好摄影、摄像器材。

活动实施

1. 分组实施

（1）寝室巧收纳

① 邀请收纳教师举行讲座，讲授物品收纳的基本原则，并利用被子、被套、各类衣物、行李箱等道具进行现场演示。

② 讲座结束后，学生动手整理、收纳寝室。

③ 学生展示自己的收纳成果，并评选"最佳小能手"。

（2）饺子暖人心

① 班主任和食堂工作人员提前布置好食堂，由专人事先购买好食材，以班级"美食小组"为单位，派小组长依次领取包饺子所需的食材和托盘。

② 大家分工协作，备馅、擀皮、包饺子。

③ 学生展示自己包的饺子，在食堂工作人员的协助下煮饺子，最后品尝自己的劳动成果。

（3）树文明形象

① 制定学生生活习惯标准。

生活起居方面：早睡早起，保证充足的睡眠，平时坐、立、行走保持正确的姿势。

清洁卫生方面：早晚洗脸刷牙，饭前便后要洗手，勤洗头理发，勤换衣服，勤剪指甲，不乱扔果皮纸屑，不随地吐痰，不在墙壁、桌子上乱刻乱画、乱涂乱抹，不随地大小便。

饮食习惯方面：定时定量，营养要全面，不偏食、不挑食，细嚼慢咽，不吃垃圾零食，不吃霉烂变质等不洁食物，不喝生水，不吸烟，生吃瓜果要洗净。

用眼卫生方面：读写坚持三个"一"，即"眼离书本一尺，握笔手指离笔尖一寸，胸离桌沿一拳"；走路、躺着、乘车时，不能长时间看书、写字、看手机；眼保健操认真做，长期坚持才有效。

体育锻炼方面：积极参加各种体育活动，每天保证活动1小时；饭前饭后不做剧烈运动；适当运动加合理的膳食才能有健康的身体。

② 依照制定的生活习惯标准，反思自己有哪些不好的生活习惯，并及时改正；发现身边学生不好的生活习惯，并为其指出。

③ 班主任组织学生召开"树文明学生形象"主题班会。

2. 注意事项

在"寝室巧收纳"活动中，注意人身安全，不攀高，不打闹；在"饺子暖人心"活动中注意卫生，避免嬉戏打闹。

3. 总结与反思

按班级制作活动总结材料，召开"美好生活，从我做起"主题班会。

（1）班长组织本班学生展开讨论，自评、总结，并形成文字材料进行汇报。

（2）全体学生对其他学生的总结发言进行评价和建议。

（3）班主任对本次活动进行总体评价。

（4）每个学生都独立撰写活动感悟。

（5）相关材料交学管部存档。

活动体会

你的收获：_____

_____

_____

_____

_____

你的感悟：_____

_____

_____

_____

_____

改进措施：_____

_____

_____

_____

_____

活动评估

评价项目	评价主体		
	自我评价	小组评价	教师评价
劳动观念			
劳动态度			
劳动情感			
劳动精神			
劳动习惯			
劳动素养			

注：评价等级为 A—优秀，B—良好，C—合格，D—不合格。

主题 2　职业能力

职业能力是指个人在工作中所展现出的各种能力的集合，是个人取得成功所必备的能力。每个职业都需要具备特定的技能和素质，这些技能和素质构成了职业能力的核心。职业能力涵盖了多个方面，可以分为一般职业能力、专业能力和综合能力。

一、一般职业能力

一般职业能力是指一般的学习、文字和语言运用、数学运用、空间判断等能力，是指把观察和参与的新体验、新知识融入已有的知识，从而改变现有知识结构的能力；也可以指阅读和搜集科技文献、熟练使用学习工具的能力。它包括观察力、注意力、记忆力、理解能力、抽象概括能力。

文字和语言运用能力是指对语言文字的理解、运用和表达的能力，包括阅读理解能力、表达能力、沟通能力、文化素养。

数字运用能力是指对数字、数据、数量关系的理解和运用能力，包括对数字的认知、运算、运用、判断能力。

空间判断能力是指对平面图形，以及立体图形与平面图形之间关系的理解能力，包括能看懂几何图形、解决几何问题、识别物体在空间运动中的联系、对立体图形的三个面的理解力。

提高一般职业能力有以下方法。

1. 持续学习

通过课程学习、在线学习、阅读专业书籍等方式学习新的知识和技能，提高自己的职业能力和价值，以便获得更好的职业发展机会。

2. 寻找导师

寻找有经验的导师，向他们请教，从他们的经验和见解中受益。

3. 扩大人脉

与行业内的人建立联系，加入行业协会或社交团体，扩大人脉和资源，以增加职业机会。

4. 自我推销

展示自己的才华和成就，包括在社交媒体上分享自己的工作成果和思考，以及参加行业活动和分享经验。

5. 寻找新的机会

积极收集社会工作岗位信息，主动寻找新的工作机会，了解自己所在行业的发展趋势和机会，积极寻找适合自己的职位。

6. 改变态度

灵活应对职业发展的挑战，改变自己的观念和思考方式。

7. 提高自我认知

了解自己的优点和不足，制定明确的职业规划，积极提高自己的能力和技能，以实现职业目标。

二、专业能力

专业能力是指个人在经过专业的学习后，在特定的专业领域中，利用专业知识和技能执行与该专业相关工作的能力，包括专业知识、专业技能、专业经验和专业精神。

专业知识，就是理论基础。无论从事哪个职业，我们首先要做的是打好知识基础，检验标准就是面对实际工作需求时，能否快速从自己的知识库中调取足够的理论依据。专业技能，是指将专业知识应用于实践的能力。任何理论的产生都有其特定背景，适用于 A 公司的，不一定适用于 B 公司，这就需要因地制宜，找到问题的根本所在，对理论进行个性化调整和应用。专业经验，是指专业知识和技能应用于实践的经验。刚步入职场的人更需要积累经验。专业精神，是专业能力中最重要的部分，能够决定一个人在专业领域中最终达到什么样的高度。专业精神和工匠精神有些相似，就是为了使专业价值得到发挥而应坚持的精神，是专业存在的意义所在，如精益求精、独立、专注等。

提升专业能力的方法有多种，例如，巩固基础知识，拓展创新思维能力，保持追求完美的做事态度，学会寻找前辈讨论，保持坚持理性的处事原则。

三、综合能力

综合能力是指人们通过运用思维方式对一个有机整体进行重新认识和考察的能力，它可以通过思考的方式将各个部分存在相关元素跨越层级地联系起来，从而发现有机整体内部的本质关系和演变规律。通过运用综合能力，人们对决策目标的认识可以从小到大、从低到高、从零散到完整、从局部到整体，从而把握全局发展，立足长远视角，确保决策不偏离目标。这种能力可以帮助我们更加全面地了解和掌握事物的变化和发展趋势，从而更好地应对未来的挑战和机遇。

个人综合能力是指一个人在各个方面能力的综合体现，包括知识、技能、态度、情感、意志等方面。个人综合能力决定了个人在社会中的地位和发展空间，也是评价一个人是否成功的重要标准之一。

在提升个人综合能力时，需要着重考虑以下四个方面。

一是知识的获取方式有多种，包括学校教育、社交、自学等。

二是技能的获得需要实践和经验积累。只有不断地实践和反思，才能不断提高自己的技能水平。

三是态度的决定因素包括价值观和人生观。一个具备综合能力的人应该有积极向上的态度，在工作和生活上都时刻保持着积极乐观的态度。

四是情感的表达要真诚自然。只有真诚地表达自己的情感，才能获得他人的认同和支持。

怀匠心

陈思良：长安集团最年轻的"教师傅"

无论是重庆长安汽车公司自主研发的轿车、越野车等，还是大品牌的进口轿车，只要在陈思良面前"抛锚"，他都能解决。

陈思良是重庆长安汽车股份有限公司汽车电器调试工，也是"陈思良技能大师工作室"负责人，负责汽车电器技术攻关、课件开发、技术人才培训、售后市场的疑难杂症分析处理。他先后获得国务院政府特殊津贴、全国技术能手、兵装技能带头人、全国青年岗位能手、行业岗位能手、重庆英才-技术技能领军人才、重庆市五一劳动奖章等多项荣誉。

陈思良出生在重庆涪陵，从小便对电器设备感兴趣，一有时间就会把家里的电视机、摩托车等拿来拆装，喜欢研究各个零部件和它们的工作原理。"父母非但没有责怪我，而且鼓励我多动脑、多动手，希望我以后能学一门技艺。"陈思良一直很感激父母的包容。16岁时，他选择进入重庆五一职业技术学院，开始了长达5年的汽车维修专业的学习。陈思良喜爱实操，也喜欢通过摸索和拆解的方式掌握汽车结构。他告诉记者，尽管学校的课程学习是8小时，但自己每天坚持长达13小时的实操，连汽车发动机都已拆过不下100遍。日积月累，那些专业知识、线路、零部件都嵌在了他头脑里。2015年，通过层层选拔，陈思良被委以重任，代表中国参加第43届世界技能大赛汽车技术项目比赛。陈思良获得了汽车电器和发动机机械两个模块的第一名，项目总成绩在41个国家中位列第四，也是那届比赛中我国选手取得的最好成绩。

在国际赛场上的优异表现，让陈思良还未毕业就与重庆长安汽车公司签约，成为一名普通的汽车电器调试工。尽管年龄是团队里较小的，但在学校里的扎实练习和比赛经验，让他很快崭露头角。在公司里，陈思良以工具为"笔"，以汽车为"纸"，以车间为"床"，潜心专攻疑难杂症，逐步总结提炼，形成了一套"问、想、看、修"的电器调试方法。这套自创的"秘籍",在他的工作中发挥了巨大作用。

一次,一辆汽车出现了防滑灯无故亮起,导致加油无力的故障。4S店用3天时间更换了发动机线束、机舱线束等六七个零部件,都没能解决问题。陈思良接手后,并没急着维修,而是先从设备故障入手分析原因,一天之后,故障源被找到了——点火分缸线出了故障。"防滑灯无故亮起,至少有10个环节可能导致,但有时维修人员只想到其中一半环节。"陈思良说,大部分维修人员懂原理,却缺乏综合分析推理能力。汽车故障分析不仅需要汽车知识,还要结合物流、化学、动力学等知识。正是有了这套"秘籍",陈思良被同事们看作十足的"技术控"。他介绍,"问、想、看、修"就是汽车行驶中的轻微抖动、进气温度的少量异常等,都要仔细地"问";老办法的原理是什么、新问题又新在哪里,都要用心地"想";摸得到的外在损伤、触不到的机械疲劳,都要反复地"看";一个螺钉用多大力拧紧、一根线束怎么保护,都要认真地"修"。只要细心做好这些步骤,再复杂的疑难杂症都能找到"解药"。

出色的技能水平让陈思良刚入职两年就被破格评为高级技师,成为重庆长安汽车公司最年轻的电器调试工高级技师。

以陈思良的名字命名的"技能大师工作室",承担的多个攻关项目屡次受到公司表彰。陈思良这个"教师傅"也通过"师带徒"培养了徒弟8人,其中,已有1人成为高级技师,2人成为技师,5人成为公司的汽车电器调试骨干。

"回想起来,从农村到城市,从学子到能手,从长安到世界,一路走来,我是幸运的。"陈思良感慨道,自己赶上了高速发展的时代"列车",正是因为政府出台了一系列针对技能人才的扶持政策,才让他有了更大的职业舞台和更广的发展空间。陈思良谈到,他将主动适应技术快速发展、应用领域不断变化的特点,带头立足岗位,苦练本领、创先争优,努力成为行业骨干、青年先锋,用过硬的技术本领和严谨的职业操守,开足马力在青春赛道上奋力奔跑。

(资料来源:重庆日报。)

想一想

陈思良的故事,带给你哪些启示?

> 铸匠魂

工匠精神要素17：追求卓越

卓越指不甘平庸，是发现自身潜力、不断超越自我的一种精神。追求卓越是一种积极向上的态度和行为，是不断挑战和突破自我，把工作做到极致、做到完美、做得更好。面对竞争激烈的职场，无论团队还是个人，都要追求卓越，以最大的努力赢得胜利。

艾爱国，50多年坚守焊工岗位，年过七旬仍奋斗在科研生产第一线，凭借一身绝技追求卓越，是当之无愧的焊接行业"领军人"；王希孟，虽出身贫寒，但志存高远，刻苦钻研绘画技术，终作传世名画《千里江山图》；马伟明，潜心研究几十载，倾尽全力，首创颠覆技术，抹平与美国的差距。这些生动的例子都充分展示了人们在不同的领域追求卓越，通过不断提高自己的技能，坚持不懈、敢于尝试，呈现了最好的结果。

工匠精神要素18：匠心独妙

匠心指精巧的构思，独妙指独到的巧妙。匠心独妙指在技艺和艺术方面具有独特、巧妙的艺术构思。它体现的是匠人对作品的专注、严谨、细致和追求卓越的态度，更体现了劳动者对精湛技艺和卓越品质的追求。

中国是目前世界上"非物质文化遗产"数量最多的国家。特别是中国针灸、中国篆刻、中国剪纸等中国文化的"代表作"，无一不体现着匠心独妙的中国技艺。针灸发源于中国，是中医的重要组成部分，它蕴含着中华民族的智慧和创造力，其完整的知识体系和稳定的治疗效果获得了世界的认可。中国篆刻以刻刀为工具，以石材为主要材料，以汉字为表象，是由中国古代的印章制作技艺发展而来的独特的镌刻艺术。中国剪纸交融于中国人民的社会生活中，它是用剪刀或刻刀在纸上剪或刻出的花纹，用于居家装饰或配合其他民俗活动。中国传统文化博大精深，源远流长，只有继承传统、守正创新，才能讲好中国故事，传播中国文化，让世界听到中国的声音。

工匠精神要素19：与时俱进

与时俱进指与时代一起进步，顺应时代的潮流。蔡元培通过中西文化对比，指出"故西洋学说则与时俱进"。他把中国古书中的"与时俱化""与时偕行""与时俱新"等说法综合概括为"与时俱进"。在党的二十大报告中，习近平总书记深刻指出："我们必须坚持解放思想、实事求是、与时俱进、求真务实，一切从实际出发，着眼解决新时代改革开放和社会主义现代化建设的实际问题，不断回答中国之问、世界之问、人民之问、时代之问，作出符合中国实际和时代要求的正确回答，得出符合客观规律的科学认识，形成与时俱进的理论成果，更好指导中国实践。"

马荣，第五套人民币中毛泽东肖像的原版雕刻者，她运刀如笔，与时俱进，融传统于现代，用点线雕刻人生；周东红，中国宣纸股份有限公司捞纸工，30余年潜心钻研，与时俱进，探索造纸古法；李仁清，非物质文化遗产项目"中国拓片"的代表性传承人，他与时俱进，独创高浮雕传拓技艺，用纸张复活中国历史。作为一名技工院校学生，应以专业技能为根基，与时俱进，争做新时代的"大国工匠"。

工匠精神要素 20：推陈出新

推指去除、淘汰，陈指陈旧的，新指好的、新的。推陈出新指去掉旧事物的糟粕，吸收其精华，在此基础上改进和创新，开创全新局面。推陈出新强调的是创新和变革。在个人或团队中，提出新颖独特的方法是推陈出新的具体体现。不断学习，改进原有的方法，创造新的价值是推陈出新的具体实践。

齐白石在其艺术生涯中不断自我挑战、推陈出新。据说，齐白石在一生中曾五易画风。他 60 岁以后的画，不同于 60 岁以前；70 岁以后，绘画的风格又变了一次；80 岁以后，画风再度变化。正因为齐白石在成功后仍坚持不懈地自我突破，所以他晚年的画作比早期的更为成熟，形成了独特的风格和流派。技校毕业、钳工出身的张雪松曾说："干技术，就得不断尝试，就得不断研发新技术、新产品，不能让新产品淘汰我们。技术创新是没有止境的。"正是有了推陈出新的勇气，工作以来，张雪松完成 109 项技术革新，弥补 20 多项进口工装设备技术缺陷。推陈出新能使我们更好地理解创新的重要性和实践方法，从而在工作和生活中更好地应用创新思维。

议一议

通过对以上内容的学习，你最深刻的认识是：

_____
_____
_____
_____
_____
_____

守匠情

活动 1：为职业画像

人的一生有着多重身份，在不同时期，有着不一样的身份。我们从学校走向社会，就从学校人变成了社会人，当然，同时还伴随着职业人的身份。而作为一个职业人，你首先想到的是什么呢？是整日忙忙碌碌地穿梭在大大小小的会议现场，还是手中不停地操作设备、仪器，或是不断地与人打着交道，耐心交谈呢？其实这些行为都是职业人的基本属性，职业人在正式进入岗位前，必须经过一系列专业训练，只有凭借自身才能与努力，提升自身的职业能力，才能适应岗位的需求，成为名副其实的职业人。

也许，你眼中的职业是上学路上默默无闻的清洁工，是繁华道路上一路向前的汽车驾驶员，是三尺讲台上谆谆教诲的教师，是医院手术台上救死扶伤的医生、护士，是制止违法犯罪、惩恶扬善的警察，又或是忙碌在大街小巷、奔跑在各个楼栋的外卖员，是往返于各个住宅小区、办公场所的快递员，是舞台上神采奕奕的演员，是绿茵场上奔跑的运动员，是网络世界里让你津津乐道的游戏玩家……但是，无论最终选择从事什么职业，成为怎样的职业人，我们都必须正视职业、了解职业、敬畏职业，从而爱上职业。

今天，让我们走进职业，以一个未来职业人的身份，从各个角度认真地观察它、审视它，让职业在我们心中扎根、开花、结果，以我们自己的方式，为岗位添彩，为职业画像。

首先，我们应该知道，未来所从事的职业有怎样的特点，具有什么样的特性；其次，我们还应该知道，该职业对从业者的要求是什么，也就是需要从业者具备哪些职业能力，从而让我们为此做好准备，以个人过硬的职业能力适应职业岗位的需求，展现自我的职业价值，实现自己的职业梦想；最后，我们还需要对职业能力进行相应的训练。陆游在《冬夜读书示子聿》中写道："纸上得来终觉浅，绝知此事要躬行。"这是古人的智慧，也给我们的职业实践指明了道路，职业能力的展现必须在实际操作中得以实现，以此适应职业岗位的真实需求。

我们应该怎样把职业描绘出来呢？现在，请大家谈论如何为职业进行画像。

活动准备：手机或计算机、彩笔和海报纸、具体岗位的相关资料。

现在，大家可以根据自己的意愿或教师的安排完成分组，每个小组3~4人，小组确定一个与所学专业相匹配的职业岗位，进行岗位能力分析，从整体到局部，从宏观到微观，认真展开讨论，尽可能地为这个职业岗位完整地画像，并在下表中写出关键词。

为职业画像

岗位基本属性	职业岗位	岗位特定属性
名称：		职业能力：
主要任务：		职业态度
受教育水平：		职业纪律：
职业资格要求：		职业素养：
工作经验要求：		职业发展路径：

最后，请每个小组选派一名组员，进行职业画像的介绍与阐释，谈谈如何拓展职业能力，保持对职业的热爱之情。

活动2：职业技能"你画我猜"

职业能力是指人们在从事某项职业中表现出来的能力的总和。同学们以后从事某项职业时，仅仅表现出一种能力是远远不够的，需要具备一般职业能力、专业能力和职业综合能力。一般职业能力包括一般的学习能力、承担压力的能力、人际交往能力、遇到困难时的克服困难的能力等。专业能力是指匹配职业特性的能力，每项工作都有其对应的专业能力，是顺利进行工作的核心能力。职业综合能力是指关键能力。

职业能力是职场人成长发展的基础，它是持续积累的，只有通过长期的锻炼和打磨，才能逐渐壮大个人职业能力体系。只有拥有足够强大的职业能力，才能更好地胜任某项工作，增强个体的职业价值感。职业能力中较为重要的一方面便是技能。技能就是完成某种任务的能力体现，或是迁移至其他活动中表现的能力。

职业技能一般有三种，即通用技能、自我管理技能和专业知识技能。在劳动环境不断变换的情况下，劳动者的技能和知识也会不断积累，从而帮助其更好地适应多样的劳动场景。

请同学们以小组为单位，搜索本专业相应的职业技能，共同商讨如何演绎技能，用肢体进行表达，其他小组的同学举手猜答案，若答对则所在小组得 1 分，未答对不得分，积分最多的小组为最优小组，将得到奖励。

你从这个游戏中感悟到了什么？请写下来，分享你的感受。

谈一谈

做完这个游戏后，你的感悟是：

_____
_____
_____
_____
_____
_____

践匠行

测一测

在下表中的每组能力描述后填写最符合自己实际情况的题号（如不符合能力描述则不填写），最后将题号对应的分值相加，得出自己的职业核心能力测试分值。

职业核心能力测试

与人交流能力
A1 能围绕主题参与交谈和讨论。
A2 能主持小规模的讨论，发言主题突出、层次清楚、用语得当、通俗易懂。
A3 能主持较大规模的会议，演讲主题突出、逻辑层次分明、思路要点清晰。

续表

与人交流能力	
A4 能撰写简单的应用文,并能利用图表说明要点。	
A5 能撰写较长的文稿,利用图表和各种编排形式突出内容。	
A6 能撰写较长的文章,并利用图表说明观点,利用各种编排形式突出内容。	
创新能力	
B1 能提出改进事物的创新点和意见。	
B2 能提出改进事物(几个方面)的创新点和意见。	
B3 能提出独特的改进事物(整体)的创新点和意见。	
B4 能确定创新方案具体的目标、方法、步骤、难点和对策等。	
B5 在现有条件下,能做出创新工作方案。	
B6 能根据最佳的创新改进方案,设计创新工作方案。	
B7 能对创新方案及实施情况做出客观的评估或结论。	
B8 能按步骤对创新方法(及其结果)做出客观的评估或检查的结论。	
B9 能对创新方法及其结果做出客观的评估结论,并预测创新的风险和效果。	
解决问题能力	
C1 能指出自己所做的事情有什么条件限制,选定解决问题的最佳方式。	
C2 指出何时出现问题,并说明其主要特征,确定一个最有效地解决问题的对策。	
C3 能认识并预测何时何处会发生问题,比较各种可能解决问题的办法的特点和可行性,确定解决问题的最优方案。	
C4 能制订解决问题的工作计划,提出改进解决问题的方式。	
C5 能组织实施计划,完成计划列出的各项任务,说明在解决问题的各个阶段采取措施的成功与不足。	
C6 能设计、实施所做出的选择,说明可能采用的新方法和选择的新方案,并预测可能产生的更好的效果。	
数字应用能力	
D1 准确统计数目,解读简单的图表、汇总数据。	
D2 能从不同资源获取信息进行测量,准确观测与统计。	
D3 能组织大型数据采集活动,通过不同资源获取数据,来实现活动目标。	
D4 能按照要求的精度进行计算(整数四则运算、简单小数、面积/体积计算、比例等),能用适当方法展示数据信息。	
D5 能在不同制式间换算,比较20项及以上数目大小,用排列的方法描述数的分布;能设计并使用图表。	
D6 能对任意大小数字进行多平台的运算,使用检查程序找出计算方法及结果的错误,能设计并绘出一个图表或表格,并使用公认的换算公式做出制图的标识。	
信息处理能力	
E1 能明确工作任务及其所需要的信息,确定信息搜索的范围。	
E2 能明确工作任务及其所需要的信息,并列出信息资源的优先顺序。	
E3 能明确工作任务及其所需要的信息,列出所需信息重要性的先后顺序。	
E4 能用一定的格式对信息进行编辑,在计算机上生成信息并保存。	
E5 能根据任务需要将整理到一起的相关信息进行运算和分析。	
E6 能规范地输入收集到的信息,使用自动程序进行操作。	
E7 能通过口语及文本形式进行交流。	
E8 能在会议和讨论等活动中,使用合适的多媒体、白板等辅助手段。	
E9 能用多媒体、网络等方式组织较大规模复杂信息的发布与交流。	

续表

与人合作能力
F1 能明确个人的角色定位，了解合作者的数量、职位，合作关系。
F2 能明确自身和他人合作的优势及作用，充分利用优势和资源。
F3 在合作关系变化时，调整合作目标与计划。
F4 理解自己的任务和作用，迅速进入工作状态，拾遗补阙，确保合作顺利。
F5 及时沟通合作进程，调整工作状态，接受他人意见，融合各方意见。
F6 整合、调动合作资源，共同分析、解决问题，促进团队协同努力。
自我学习能力
G1 能明确学习动机和学习目标。
G2 能提出短期可实现的多个目标。
G3 能根据各种信息和资源确定实现的目标与途径。
G4 能利用行动要点开展工作并完成任务，完成学习的内容，自述学习方法。
G5 能利用行动要点管理时间计划性工作，展示学习结果，自述学习成功经验。
G6 能重点保证有利于实现目标的行动实施，分析影响学习效果的优势与缺陷。

分 值	题 号
3 分	A3 A6 B3 B6 B9 C3 C6 D3 D6 E3 E6 E9 F3 F6 G3 G6
2 分	A2 A5 B2 B5 B8 C2 C5 D2 D5 E2 E5 E8 F2 F5 G2 G5
1 分	A1 A4 B1 B4 B7 C1 C4 D1 D4 E1 E4 E7 F1 F4 G1 G4

测试结果为：_____分。其中，0～15 分为差，16～26 分为中，27～37 分为良，38～48 分为优。

填一填

结合职业核心能力测试结果，看看你在哪方面有待加强？如何加强？

_____
_____
_____
_____
_____
_____

实践活动 ② 技能大赛，"职"引未来

活动目标

1. 加深对专业的理解，提高专业技能。

2. 搭建相互交流的良好平台，培养企业所需的专业人才。

3. 培养守正创新、精益求精的工匠精神。

活动准备

1. 培训学习

（1）在教师的指导下，召开主题班会，提前收集大家关于本次活动的意见和想法，经过商量后，确定本次活动的主题、活动具体流程，各组明确劳动任务。在教师的指导下，策划协调组邀请学校专业课教师 3~5 名，作为本次活动的评委。

全国职业技能大赛简介

全国职业技能大赛是我国规格最高、项目最多、规模最大、水平最高、影响最广的综合性国家职业技能赛事，包括云计算、移动应用开发、增材制造、建筑信息建模、飞机维修、轨道车辆技术、花艺、时装技术、健康和社会照护、烘焙、茶艺等赛项。

2023 年 9 月 16 日至 19 日，第二届全国职业技能大赛在天津举行，来自全国 36 个代表团的 4045 名技能人才齐聚津门，角逐 109 个项目的奖牌。

这体现了我国高度重视技能人才工作，大力弘扬劳模精神、劳动精神、工匠精神，激励更多劳动者，尤其是青年一代走技能成才、技能报国之路。技能人才是支撑中国制造、中国创造的重要力量。现今，我国技能人才总量超过 2 亿人，高技能人才超过 6000 万人。

士因习而勇，能因练而精。"在这几个月的训练中，我的技能水平得到非常大的提升，希望在比赛中展现出技能的魅力。"重庆队电子技术赛项选手朱政霖激动地说。重庆市通过举办各类职业技能大赛，累计辐射带动 100 余万人参加技能比拼，选拔、培养高技能人才 5 万余人，通过组织选拔、训练、比赛，提升了选手技能水平，带动了广大劳动者技能就业、技能成才。

（资料来源：中国组织报。）

（2）调动激情。各班级组织学生观看第一届全国职业技能大赛时装技术项目金牌获得者谢玲莉的相关视频，感悟工匠精神的内涵。

2. 联络沟通

班、团干部事先联系学校安稳办、校团委（安全管理部门），汇报本次活动的目的、意义、安全预案，以得到学校安稳办、校团委的同意、支持和帮助。

3. 人员分工

根据活动分组分工表（见下表）安排活动任务。

活动分组分工表

组织设置		工作内容	岗位职责
领导组		由团支书、班长、生活班长组成。团支书担任组长，班长、生活班长担任副组长；全面统筹活动的培训和安全工作	组长：协调、落实安全保障等
工作组	策划协调组	负责策划活动，包括向校团委进行工作报备和活动申请，征求班主任、全班学生的意见和建议，联系和协调相关工作，设计活动方案、宣传方案等；领导组成员要参与本组工作	组长：负责落实本组工作内容执行、组员管理、组内分工、组间协调合作 组员：服从组长管理，自觉遵守活动纪律，积极参与活动，在活动中团结协作
	数据整理组	在领导组的监督下，整理每个参赛选手的打分情况，并将分数进行公示	
	实施组	以班级学习小组为单位划分小组。由学习组长担任小组长，小组长组织本组学生提前准备好技能比赛	
	后勤物资组	组织全体学生讨论，充分收集整理意见和建议，根据活动的需要制定方案，并做好预算；负责活动的收尾工作	
	安全保障组	向学校安稳办工作报备，并在学校安稳办指导下拟定《活动安全事项承诺书》，组织全班学生学习安全注意事项；负责活动过程中的安全隐患排查，及时发现、提醒、告诫、制止安全问题	
	宣传编辑组	负责拟定活动宣传方案、设计及制作横幅；负责活动中的摄影、摄像和相关宣传资料的收集；负责活动后期的对外宣传工作，将总结和简报报校团委审核、存档，报学校办公室进行宣传报道	

4．安全事项

（1）组织全班学生学习学校安全管理规定，学习记录留存备查。

（2）提前向学校管理部门报备"活动策划方案""安全预案申报表"，进一步明确组织安排、人员分工、活动流程和安全责任；拟定《活动安全事项承诺书》，每位学生签字后留存备查。

5．物资准备

（1）活动宣传横幅。

（2）摄影、摄像器材。

（3）以勤俭节约为原则，准备活动奖品。

（4）以勤俭节约为原则，准备评委的饮用水，准备纸质评分表和评分细则。

（5）各班级根据自身专业，准备好技能大赛所需相关工具、材料。

6．场地准备

活动场地安排在专业实训室，提前与实训室教师沟通协调，确定活动时间。

活动实施

1．精心准备

组织召开班、团干部会议，明确活动目的和意义。收集学生意见和建议，整理归纳后召开一次主题班会，确定本次专业技能比赛的流程、评委人选，明确人员分工和任务。评委准备好评分细则，宣传编辑组及时发布评分细则和比赛文件。

2. 技能大赛

（1）根据比赛文件要求，按照抽签序号，参赛选手有条不紊地进行技能比赛。在比赛过程中，杜绝作弊现象发生，计时员注意时间提醒。

（2）评委根据最终的技能作品进行打分，数据整理组负责快速、正确地计算分数，并及时公布分数。

（3）宣传编辑组负责整个活动过程中的摄影和摄像工作，注意多捕捉学生展现出的刻苦努力的精神面貌。

（4）比赛结束后，主评委宣布获奖名单，获奖学生上台合影留念，并领取奖品。

（5）主评委发表活动感言，并对学生提出希望。

（6）班主任对评委表示感谢，对获奖学生表示祝贺，对没有获奖的学生进行鼓励。

3. 总结与反思

（1）展示获奖学生的作品，并请获奖学生代表发言，谈谈为了做出优秀的作品，自己是如何努力的，让全班学生感悟不怕困难、精益求精的工匠精神。

（2）观看与本专业相关的国家级职业技能比赛的视频，小组派代表发表观后感言。

（3）每个学生都独立撰写活动感悟，班主任和宣传编辑组共同选出优秀的活动感悟，并发布在学校微信公众号上。在班主任的指导下，将本次活动的"精彩瞬间"（照片）打印出来，粘贴在班级文化墙上。

活动体会

你的收获：_____
_____
_____
_____
_____

你的感悟：_____
_____
_____
_____
_____

改进措施：_____

_____

_____

_____

_____

_____

活动评估

评价项目	评价主体		
	自我评价	小组评价	教师评价
劳动观念			
劳动态度			
劳动情感			
劳动精神			
劳动习惯			
劳动素养			

注：评价等级为 A—优秀，B—良好，C—合格，D—不合格。

第六单元

提升劳动素养　恪守职业操守

　　劳动者素质对一个国家、一个民族发展至关重要。当今世界，综合国力的竞争归根到底是人才的竞争、劳动者素质的竞争。我国工人阶级和广大劳动群众要树立终身学习的理念，养成善于学习、勤于思考的习惯，实现学以养德、学以增智、学以致用。要适应新一轮科技革命和产业变革的需要，密切关注行业、产业前沿知识和技术进展，勤学苦练、深入钻研，不断提高技术技能水平。

——2020年11月24日，习近平在全国劳动模范和先进工作者表彰大会上的讲话

学习目标

1. 了解创新创业的途径，掌握职业素养的内容。
2. 培养创新创造能力，掌握提升职业素养的方法。
3. 提高劳动者素质，提升职业素养，铸造优秀劳动品格和职业品质。

课程思政

思政教学要点

创新创造精神

思政教学内容

弘扬创新创造精神

思政教学设计

中华民族自古以来就是富有创造精神的伟大民族，创造精神是中华民族精神的重要内核，这源于中华民族艰苦奋斗、自强不息的精神传统和文化底蕴。纵观中华文明史，创造精神始终是推动中国社会发展和文明进步的不竭动力。步入新时代，开启新征程，我们正在从事以中国式现代化全面推进中华民族伟大复兴这一前无古人的创造性事业。我们面临的各种风险挑战、困难问题比以往更加严峻复杂，我们比以往任何时候都更需要在全社会弘扬创造精神。

本单元重点学习劳动者创新创业需要具备的基本素质、途径，认识创造性劳动的意义和价值，掌握职业素养的基本内容。通过制定创业策划方案、模拟职业情景等活动，帮助学生理解创新创造的个人价值和社会价值，培育学生的创新意识和创造能力，引导学生自觉树立敢于突破陈规、勇于创新创造的思想观念，提升创新思维能力，从而积极投身于创新实践，在实干中铸造优秀劳动品格，增强创新创造的能力，为建设新时代做好准备。

唯创新者进，唯创新者强，唯创新者胜。推动高质量发展，离不开知识型、技能型、创新型劳动者大军。创新是一个民族进步的灵魂，是一个国家兴旺发达的不竭动力，也是中华民族最深沉的民族禀赋。"奋斗者"号万米深潜、"复兴号"驰骋神州、C919 翱翔蓝天、"太空之家"遨游苍穹……一个又一个伟大的创造、奇迹的诞生都是依靠强大的中华民族不懈的创新型劳动、创造性劳动而铸就的，只有不断创新创造，才能实现第二个百年奋斗目标，才能实现中华民族伟大复兴。

主题 1

创造性劳动

劳动之魂

蒋丽英：探索新模式，振兴乡村

她是重庆田中秋农产品股份合作社（以下简称合作社）理事长、重庆市三八红旗手、全国农村青年致富带头人、全国劳动模范，她就是"新农人"蒋丽英，其创办的合作社被评为全国部级示范社。

2009年，蒋丽英放弃城市生活，选择回乡发展。一开始，她结合龙桥村的具体情况，发动乡亲们种植经济价值较高的黑花生，从最开始发动失败，到自己率先示范，再到主动钻研技术，最终打消了乡亲们的顾虑，带领乡亲们种植黑花生2000余亩，并辐射带动碧山镇5个村、袁驿镇3个村、合兴镇大梨村和复平镇大龙村大面积发展黑花生种植，带动全区3000余户每亩增收1000元以上。通过几年的努力，她逐渐得到了群众的信任，同时也解放了群众的思想，更打开了发展效益农业的良好局面。

她利用一系列机械设备，为村民提供水稻"耕、插、防、收"全过程社会化服务，带动上万个农户增收致富。回乡13年，蒋丽英已经成了一名懂技术、会管理、善经营、有情怀的职业农民。一场凉雨过后，春寒迅速消隐，在梁平碧山镇龙桥村，蒋丽英的植保无人机开始了又一轮耕种、收获的循环。在连绵的油菜花田里，蒋丽英的机械化作业团队已经成为一处风景——用无人机播种、施肥，用拖拉机犁田、排灌，农业耕作效率大幅提升。在大西南，甚至全国，这种智能化种植、社会化服务的现代农业生产方式已被广泛推广。

以32岁为界，蒋丽英的人生被分为两个部分。32岁以前，她在异乡打拼；32岁以后，她选择回到家乡梁平，把自己的生活重新交还给乡村。

对蒋丽英来说，回乡创业，不仅仅是一门生意。19岁之前，她一直生活在这里，当再次回到家乡时，她发现虽然路修好了，可村里的人少了，青壮年大多去城市寻找机会，留下来的都是老人和儿童。

为了帮助村民提高耕作效率，2018年，蒋丽英一次性买来3架植保无人机。伴随着机翼的转动，梁平首例水稻无人机直播种植作业在碧山镇"试航"。

2019年，蒋丽英带领团队在全国植保无人机操作技能比赛中斩获银牌。同年，她在自有基地进行了300多亩水稻直播种植示范，对播种、植保、锄草等全部管理环节进行了全程记录。2019年8月26日，基地测产，蒋丽英的示范田迎来了大丰收。蒋丽英的合作社就这样从被看见到被接纳。

此后，蒋丽英带领团队为村民农事作业提供耕田、整地、育秧、栽插、病虫害防治、收割等全程服务。有了"田保姆"的保驾护航，村民只需要缴纳一点服务费，就可以放心当"甩手掌柜"，解决了"谁来种田、怎么种田"的问题，实现了政府、农民、服务组织"三满意"。

用心浇灌的水稻，成了蒋丽英和土地重新连结的纽带。5年时间里，她的团队不断壮大，已累计为超过10万亩稻田完成了社会化服务，范围延伸到四川、陕西、贵州等地，带动了上万个农户增收致富。蒋丽英也成为远近闻名的，能熟练驾驶、操作各种农用机械的"女能人""土专家"。

为实现农业产业化，蒋丽英于2015年开始探索电商之路，经过淘宝、微商、直播带货等发展过程，现在与网红、电商产业园合作，使农产品销售额大幅提升，有效解决了农户农产品销售难的问题。随着社会化服务的大力推进，龙桥村正在悄然改变。在梁平区委区政府的坚强领导和相关部门的大力支持、多次协调下，合作社在星桥镇两路村租用了13亩工业土地，建设合作社的机库棚、联排烘干机，以及智慧农业集成中心，让种地更简单、更智慧。

2021年，蒋丽英当选为梁平区碧山镇龙桥村支部书记，上任后的第一件事，就是启动全村田土的宜机化改造。蒋丽英说，她对龙桥村的定位就是丘陵地区现代农业示范村。

劳动创造幸福，劳动创造未来。蒋丽英说，在她眼中，最美好的收获是让家乡变得更好。

（资料来源：中工网。）

谈感受

通过学习全国劳动模范蒋丽英的故事，你最深的印象是：

_____
_____
_____
_____
_____
_____

> **劳动之道**

劳动，守护绿水青山

活动时间	_____年_____月____日
活动地点	户外乡野
活动准备	1. 准备火钳、垃圾袋、手套、绿色马甲、队旗、横幅、瓶装饮用水等。 2. 准备安全、卫生防护物资：口罩、创可贴、酒精、双氧水等。 3. 准备好笔和笔记本，便于记录垃圾分类处理具体要求。 4. 准备摄影、摄像设备，指定专人负责活动全过程的摄影、摄像。
活动目标	1. 认知性目标：了解环境污染的危害，增强学生环保意识。 2. 参与性目标：充实垃圾分类知识，提升垃圾分类处理的能力。 3. 体验性目标：明确各类垃圾的来源、危害，以及不同类别垃圾的分类处理方式，激发学生的劳动兴趣和环保意识。 4. 技能性目标：掌握垃圾分类的标准和要求，科学处理各类垃圾。 5. 创造性目标：在劳动过程中培养学生勤俭节约的品质，关注人与自然和谐相处，关注社会发展与自然和谐，树立绿色发展理念。
活动过程	1. 召开班会，对学生进行活动前的安全培训。班主任指定学生做好班会记录，参会学生做好笔记。 2. 参与活动的学生主动告知父母将随学校教师一同外出参加活动，按要求办理安全手续。 3. 召开班会，讲解垃圾分类的标准和要求，明确活动意义，强调活动安全及注意事项。 4. 学生穿好绿色马甲，进入活动指定区域。 （1）向参加活动的学生明确活动的具体区域、界线等。 （2）将活动区域划分成4块，学生对应分成4组，指定1名教师带领1组学生负责清理该对应区域的垃圾。 （3）分发火钳、手套、垃圾袋等物品，各组教师带领本组学生进入指定区域清理垃圾。 （4）各组教师提醒学生注意安全，禁止爬树、爬高、下水等，谨防蛇虫叮咬，不得擅自离开活动区域进行野外探险等；确保学生不离开教师的视线。

	续表
活动过程	（5）指导学生进行垃圾分类存放，在清理、存放垃圾过程中戴好口罩，做好个人防护。 5．将清理出的垃圾分类打包后集中堆放到指定位置，拍照记录垃圾清理干净后的绿水青山。 6．各组学生对本次活动进行讨论、评价，并由小组长代表本组学生进行发言，抒发活动感想。 7．班主任对本次活动进行总结，集体合影。 8．将所有垃圾带到垃圾站，交由垃圾站进行专业处理。  守护绿水青山，我们在行动  绿水青山，我们共同呵护

话 感 悟

通过本次"劳动，守护绿水青山"活动，你的感悟是：

> 劳动之术

一、创新创业的内涵

创新是创业的基础和前提。创新是一种思维的转变，强调的是开拓性与原创性；而创业是创新的表现形式，是创新的体现，即通过实践来获取利益。创新创业是以创新的思维在市场中创造出新的产品（品牌）或服务，开启新的商业模式，开辟新的工作途径，从而实现某种追求和目标。创新创业区别于传统创业，它打破了人们对创业的现有认知，在知识、技术、管理、服务等方面开创新的局面。创新创业会面临比传统创业更高的风险，但也能够获取更多的竞争优势，带来更大、更多的新价值，同时获得更大的回报。

创新引领未来，创业成就梦想。创新创业使自我价值得到体现与升华，催生了新业态、新经济、新模式、新职业，引领了一个新的就业潮流。

二、创业者应具备的基本素质

1. 诚信正直

诚信正直不但是做人的基本品德，更是经营者必须具备的职业品质。这种品质一旦被大多数客户认可，便会形成职业信誉乃至职业品牌。在这种情况下，诚信正直就会转化为企业用之不竭、长盛不衰的无形资产。

2. 勤勉坚忍

创业是非常艰苦的，不但许多事情要亲力亲为，而且会随时面临各种失败的风险。这不但需要创业者有勤勉的精神，更多的时候要用坚忍的意志去克服创业和经营中的各种困难。

3. 判断准确，敏捷果断

个体创业最大的优势在于能够在夹缝中寻找到商机。对于许多大企业不屑做、难以做的小商品、辅配件，个体创业者都可以敏锐捕捉，及时做出决策。创业之初，创业者多为小本经营，缺乏与中小企业竞争的能力，但其优势在于可以随时做出决策。因此，创业者必须具备发现商机后立即行动的意识和素质，只有这样才能抢占先机，为后续经营赢得空间。

4. 善于沟通、协调各种关系

创业需要沟通、协调各方面的关系，因此创业者必须具备与人交往、善于沟通的能力。具体而言，对地位高于自己的人要尊重有加，争取得到帮助和支持；对地位低于自己的人则要谦虚平和，争取得到更多拥护和爱戴。对他人，热情、公正、客观；对自己，则内省、克制、修炼。

5. 强大的执行能力和自我管理能力

创业者应具备强大的执行能力和自我管理能力。创业者需要在短时间内掌握各种技能和知识，并能够将其应用于实践。同时，创业者还需要具备自我管理能力，管理好时间和资源，避免浪费和挥霍。

6. 敏锐的市场洞察力和创新能力

创业者需要具备敏锐的市场洞察力和创新能力。只有了解市场需求，才能开发出符合市场需求的产品或服务。同时，创业者还需要具备创新能力，不断推陈出新，以保持领先优势。

三、创新创业的途径

1. 创新创业大赛

目前主流的创新创业赛事有"互联网+""挑战杯""创青春"等，它们为学生创业提供了锻炼能力的机会和舞台。通过这些平台，学生可熟悉创业程序，储备创业知识，积累创业经验，接触和了解社会。

2. 网络创业

网络创业是指利用现有的网络资源，在网上注册成立网络店铺或网上加盟店。网络创业门槛低、成本少、风险小、方式灵活。

3. 加盟连锁店创业

这种创业的特点是利益分享、风险共担，创业之初只需要支付一定的加盟费，就能借用加盟商的金字招牌，并利用现成的商品和市场资源，还能长期得到专业指导和配套服务。

4. 学校的创业孵化器及社会上的众创空间、创业加速器等

这些空间为实战的创业项目提供办公及各类资源、服务的支持，为创业项目的进一步发展提供全方位服务。

5. 合作创业（团队创业）

合作创业（团队创业）在各个方面能够实现优势互补，相对而言，成功率高于个人创业。

总之，创新是推动社会进步的重要动力，创业则是实现个人价值的重要途径。在这个充满机遇与挑战的时代，每个人都应该拥有创新创业的精神，以应对未来的挑战。在创新创业的道路上，只有秉持持续性、创造性和可持续性的原则，才能走得更远。让我们一起努力，为创新创业喝彩！

讲 感 触

通过对创新创业的学习，你最深的体会是：

_____
_____
_____
_____
_____

劳动之美

1. 阅读小故事

"钻木取火"的故事

在很久很久以前，人类和很多动物一样，四肢着地前进，没有聪明的大脑。那人类是从什么时候聪明起来的呢？从他们开始劳动的那天起。在无意间，他们发现烤熟的东西比生东西好吃，于是开始钻木取火。他们取下树上的枝条，把它在石头上反复摩擦，直到有尖头为止；再取下动物皮毛等易燃品，把它放在一个事先挖好的小洞里；然后把树枝的尖头在皮毛上不停地来回转动，直到有火为止。

人类通过劳动，明白了火的用处，它能让食物变得更美味，还能给自己取暖，更能赶走野兽。渐渐地，他们通过劳动发现了很多新鲜事物，也在这些劳动过程中，变得更加聪明能干。

思 考 劳动的意义是什么？该故事启迪你在学习生活中应该怎么做？

_____
_____
_____
_____
_____
_____

2. 欣赏影视剧

《启航：当风起时》是改编自王强的小说《我们的时代》，由上海腾讯企鹅影视文化传播有限公司、小糖人联合出品，刘畅、马一鸣执导，吴磊、侯明昊领衔主演的青春励志年代剧。该剧于2021年9月14日在腾讯视频播出。

该剧讲述了20世纪90年代初期，以萧闯、裴庆华、谢航、谭媛等一群年轻人在时代浪潮中奋力逐梦、不断成长，一起书写热血青春的故事。

思考 作为时代弄潮儿，在推进中国式现代化建设征程中，你应该如何做好启航的准备？

_____
_____
_____
_____
_____

3. 感悟艺术美

戏剧是指以语言、动作、舞蹈、音乐、木偶等形式达到叙事目的的舞台表演艺术的总称。戏剧的表演形式多种多样，常见的包括话剧、歌剧、舞剧、戏曲、音乐剧、木偶戏、皮影戏等。戏曲是由演员扮演角色，在舞台上当众表演故事的一种综合艺术。

在戏曲作品中，有不少是展示劳动场景，反映劳动人民智慧的故事，塑造了一个又一个"劳动模范"，甚至"劳动英雄"，如京剧《沙家浜》、评剧《刘巧儿》、豫剧《朝阳沟》、河北梆子《李保国》等。

2022年9月15日，荣获中国专业舞台艺术政府最高奖——文华奖的大型话剧《桂梅教师》由云南省话剧院原创，云南省话剧院、云南省戏剧家协会联合出品，由国家一级编剧王宝社担任编剧，并与云南省话剧院的国家一级导演常浩联合导演，由云南省戏剧家协会秘书长、国家一级演员李红梅领衔主演。剧目主创广邀众多国内一流戏剧专家共同研讨，在张桂梅几十年执着办学故事的基础上，进行提炼加工和艺术处理，展示了"时代楷模"张桂梅的感人故事。

思考 "时代楷模"张桂梅身上有哪些精神值得你学习？请你讲一讲自己身边感人的故事。

_____
_____
_____
_____
_____
_____

实践活动 ① 创新创业实践活动

活动目标

1. 让学生体会勤劳、诚实、创新、敬业等劳动精神。
2. 激发学生对劳动创业的兴趣。
3. 培养具有社会责任感、创新精神和实践能力的高技能人才。

活动内容

为提升学生的创新创业能力,增强创新活力,在校打好基础,校团委在全校范围内开展"创新创业实践活动",具体内容如下。

1. 创业知识比赛

无论从事哪个行业,除有必要的创业资金外,还必须具备一定的商业知识和掌握一定的经营管理办法,创业知识考核将从专业的行业技能、战略规划、财会知识、营销知识、计算机与网络知识、行政管理、人力资源等方面考查学生。参赛选手通过答题的方式参与比赛。此活动为"创新创业实践活动"的第一阶段,在全校范围内开展,评选出 30 名获奖学生。

2. 创业策划方案评比

参赛学生结合自己的实际情况与社会需求,从所学专业、特长、能力等方面撰写创业策划书。创业指导教师对选手的创业策划书从创新性、可行性、市场潜力等方面进行评审,评选出 10 名优秀选手。此活动为"创新创业实践活动"的第二阶段,参与者是第一阶段的 30 名获奖学生。

3. "赢在校园"营销比赛

创业指导教师给参赛选手布置一定的营销任务,让其在校园内指定地点进行推销。推销商品可由商家赞助或学校提供。根据每位选手推销产品的数量,评选出前 5 名选手。此活动为"创新创业实践活动"的第三阶段,参与者是第二阶段评选出的 10 名优秀选手,将这 5 名选手的推销视频上传至网络,全校学生进行投票,根据票数评选出前 3 名。

活动准备

1. 人员分工

根据活动分组分工表（见下表）安排活动任务。

活动分组分工表

组织设置		工作内容	岗位职责
领导组		由分管校长、学管部、后勤部、团委、创业指导教师、班主任组成，分管校长担任组长，学管部、后勤部、团委相关负责人担任副组长，创业指导教师、班主任为组员；全面统筹活动工作	组长：协调、落实安全保障等。
工作组	策划协调组	负责策划活动，包括向校团委进行工作报备和活动申请，征求班主任、全班学生的意见和建议，联系和协调相关工作，设计活动方案、宣传方案等；领导组成员要参与本组工作	组长：负责落实本组工作内容执行、组员管理、组内分工、组间协调合作 组员：服从组长管理，自觉遵守活动纪律，积极参与活动，在活动中团结协作
	实施组	由校团委负责活动的实施。第一阶段，在创业指导教师的指导下，负责出"创业知识"比赛的答题卷，并组织参赛学生答题；第二阶段，配合创指导教师完成创业策划书的评比；第三阶段，规划推销地点，布置场地，拍摄并上传参赛学生的视频等	
	后勤物资组	组织全体学生讨论，充分收集、整理意见和建议，根据活动需要制定方案，并做好预算；推销的产品可以联系赞助商提供，或者组织学生自己动手制作；配合团委布置好活动场地，负责活动的收尾工作	
	安全保障组	向学校安稳办报备，并在学校安稳办指导下拟定《活动安全事项承诺书》，组织全校学生学习安全注意事项，负责活动过程中的安全隐患排查，及时发现、提醒、告诫、制止安全问题	
	宣传编辑组	在全校范围内宣传，使尽可能多的学生参与活动；及时撰写宣传稿件，及时进行活动总结并进行点评；将总结和简报上报校团委审核、存档，报学校办公室进行宣传报道	

2. 安全保障

（1）组织全校学生学习学校安全管理规定，学习记录留存备查。

（2）提前向学校管理部门报备"活动策划方案"，进一步明确组织安排、人员分工、活动流程和安全责任；拟定《活动安全事项承诺书》，每位学生签字后留存备查。

3. 物资保障

（1）定制文化衫，统一服装。

（2）活动宣传横幅。

（3）推销活动中的产品，以及推销产品时使用的展台、海报等。

（4）摄影、摄像器材。

活动实施

1. 创业知识比赛

（1）在就业指导教师的指导下，团委出一份"创业知识"比赛的答题卷。

（2）安排所有报名学生进行现时答题。

（3）在收齐所有参赛学生的试卷后，组织统一评阅，按成绩评选出 30 名获奖学生。

2. 创业策划方案评比

（1）创业指导教师给参赛选手布置撰写创业策划书任务。

（2）选手撰写创业策划书。

（3）创业指导教师对选手的创业策划书从创新性、可行性、市场潜力等方面进行评审，评选出 10 名优秀选手。

3. "赢在校园"营销比赛

（1）参赛选手在校园内的指定地点推销产品。

（2）团委工作人员进行监督并拍摄视频。

（3）根据选手推销产品的数量评分，评选出前 5 名选手。

（4）将 5 名选手的视频上传至网络，供学生投票，角逐前三。

4. 注意事项

在"赢在校园"营销比赛中，参赛选手应在指定区域售卖，负责自己区域的清洁卫生；销售宣传语必须积极健康向上，使用文明标语。

5. 总结与反思

按班级制作本次活动的总结材料，班主任召开主题班会进行总结与反思。

（1）班主任组织本班学生展开讨论，进行自评、总结，并形成文字材料进行汇报。

（2）全班学生可对各位参赛选手进行评价和建议。

（3）班主任对本次活动进行总体评价。

（4）每个学生都独立撰写活动感悟。

（5）相关材料交学校学管部存档。

活动体会

你的收获：_____

_____

_____

_____

_____

你的感悟：_____
_____
_____
_____
_____

改进措施：_____
_____
_____
_____
_____

活动评估

评价项目	评价主体		
	自我评价	小组评价	教师评价
劳动观念			
劳动态度			
劳动情感			
劳动精神			
劳动习惯			
劳动素养			

注：评价等级为 A—优秀，B—良好，C—合格，D—不合格。

主题2

职业素养

职业素养是指职业内在的规范和要求，是在职业活动中表现出来的综合素质，包括职业道德、职业意识、职业行为、职业技能等方面。

一、职业道德

职业道德规范是一套适用于特定职业活动的道德准则，旨在规范从业人员的行为。《新时代公民道德建设实施纲要》中明确提出，要大力推广以爱岗敬业、诚实守信、办事公道、服务群众、奉献社会为主要内容的职业道德。因此，我国现阶段各行各业普遍适用的职业道德的基本内容可以概括为"爱岗敬业、诚实守信、办事公道、服务群众、奉献社会"。

爱岗敬业作为最基本的职业道德规范，是对人们工作态度的一种普遍要求。它要求人们忠于并热爱自己的工作岗位，对工作充满热情和责任心，勤勉尽责地投入工作，并不断提高自己的业务水平和技能。

诚实守信是做人的基本准则，也是职业道德和社会道德的基本规范。它要求人们言行一致、不欺诈、不欺骗，遵守承诺，履行合同，追求信誉，以及在职业活动中保持公正、公开、透明和诚信。

办事公道是为人处世的一种态度，也是千百年来人们所称道的职业道德。它要求人们待人处世要公正、公平、公开，不偏袒、不歧视，平等地对待每个人和每件事。

服务群众是指为人民群众服务，社会全体从业者通过互相服务，促进社会发展，实现共同幸福。它要求人们把服务放在首位，以服务为己任，关注群众需求，为群众提供优质的产品和服务，并不断提高自己的服务能力和水平。

奉献社会是指积极自觉地为社会做贡献。它是社会主义职业道德的本质特征，要求人们以社会利益为重，以社会需求为导向，自觉为社会做出贡献，以及在职业活动中追求卓越和进步。

二、职业意识

职业意识是个体对职业的整体认知和反应，包括对工作的评价、心理、情感和态度等多个方面。它是调节和支配职业行为和活动的关键因素，涵盖创新意识、协作意识、竞争意识和奉献意识等多个方面。

职业意识不仅影响个人的就业和职业选择，也影响整个社会的就业情况。它是个体对自身所从事的工作和任职角色的内在看法，也是对自己希望从事的职业的主观看法。

职业意识受多种因素的影响，如教育背景、个人经历、社会环境、个人特质、职业目标等。接受的教育和培训不同，可能会影响你对职业的认识和看法；你的个人经历，包括工作经历、实习经历、家庭背景等，可能会影响你对职业的看法和态度；你所处的社会环境和文化背景也可能会影响你的职业意识；你的性格、价值观、兴趣等可能会影响你对职业的看法和态度；你的职业目标和动机也可能会影响你的职业意识。我们要明确自己的职业意识，需要认真思考自己的兴趣、价值观、目标和背景等方面，以在此基础上做出明智的职业选择和发展规划。

三、职业行为

职业行为是指个人因为长期从事某种职业而形成的，重复的、无意识的行为，通常表现为不断重复某种行为，例如，电工作业时会习惯性地戴好绝缘手套等。

各种职业都有其特定的规范和要求，长期从事某种职业的人，会逐渐养成良好的行为习惯，以符合职业的要求。这些良好的行为习惯对于提高职业化水平、增强职业竞争力具有重要作用。比如，准时上下班、持续学习并不断提升自己的技能、着装整洁得体、关注个人和团队的发展等，都是良好的行为习惯。

要培养良好的职业习惯，可以从以下方面做起：首先强化良好的职业习惯意识，其次塑造自己的良好形象，再次培养道德情操，最后把职业道德落实到职业活动中。

四、职业技能

职业技能是指在工作过程中学习和掌握的能力，它不同于语言表达之类的普适性能力，而是职业所必备的能力，如挖掘机操作员所必备的挖掘机操作能力，不同职业所需要掌握的职业技能各不相同。职业技能主要包括专业知识、沟通技巧、团队合作能力和创新能力等。这些技能对于在职业领域中取得成功至关重要。

专业知识是指在特定职业领域中所需要掌握的理论知识和实践经验。每个职业都有其特定的专业知识，掌握好这些专业知识是成为一名优秀职业人的必备前提。例如，医生需要掌握医学知识，律师需要掌握法律知识，工程师需要掌握工程知识。

沟通能力是在工作中与他人进行交流的能力。沟通是一项必不可少的技能，良好的沟通能力有助于建立良好的人际关系，并可以帮助更好地完成工作。沟通能力包括口语表达、书面表达，以及听取他人意见的能力。

团队合作能力是指在团队中与他人协作的能力。在现代企业中，团队合作已成为一种重要的工作方式，良好的团队合作能力有助于更好地与团队成员合作，共同完成工作任务。

创新能力是指在工作中提出新想法和解决问题的能力。创新已成为一种重要的竞争力，在追求职业发展的过程中，创新能力具有重要的作用。创新能力包括寻找改进机会的能力及产生新想法的能力。

怀匠心

王世森：甘做智慧交通的"铺路石"

"在30秒内即可对抛洒物、浓雾等异常事件进行分析、识别和报警，并自动匹配适宜的执行预案；通过ETC通行数据可对车辆进行分类，并提供个性化服务，比如为喜欢旅游的车主推荐心仪的旅行线路……"谈起智慧交通科研成果的应用，交通工程高级工程师王世森如数家珍。

身为重庆高速公路集团重庆首讯科技股份有限公司研发中心总经理，多年来，王世森以"匠人之心，琢时光之影"的坚定执着、"万千锤铸一器"的钻研精神，带领团队创新、总结出数字技术赋能智慧交通的成套体系，为重庆智慧交通建设贡献了自己的力量。

从刚入行时那个青涩而满怀憧憬的小年轻，到如今带领团队成长的老大哥，似乎就在弹指之间。2013年，王世森开始涉足智慧交通领域的研发。然而，过程并非一帆风顺。重庆高速公路是典型的山地高速公路，智慧交通信息化建设没有现成经验可借鉴，摆在他面前的难题可谓千头万绪。面对困难，王世森硬是凭着一颗"死磕"之心，带着团队摸索、攻坚，实现了核心技术的一次次"破冰"。2018年，团队攻关大数据应用技术。"数据量特别大，每天都要处理几千万条数据，一天下来，眼都是花的。"那段时间，团队成员吃住都在办公室，身体实在吃不消了，就在躺椅上睡几个小时起来继续干，一次次调试，一次次重建。如今，该技术已实现了高速公路收费、监控、巡查、救援等主要运行数据的海量数据存储、处理和应用，团队研发出高速公路大数据分析等多个平台，实现了100亿数量级查询响应时间仅为0.036秒，实现了从人找信息到信息找人的重大转变。

初心不忘终成匠。近年来，王世森统筹推进重庆市科技局、重庆市交通局的人工智能、大数据相关3个主题专项科研项目，攻关10余项关键技术，总体达到国际先进水平。团队还孵化出10余个应用平台。"智慧交通的'智慧'，对于不同用户有不同的含义。但总的来说，就是为了共同的目标，让交通越来越安全、环保、高效与便捷。"王世森说。

2019年5月，国务院办公厅印发《深化收费公路制度改革取消高速公路省界收费站实施方案》，要求力争到2019年年底前基本取消全国高速公路省界收费站。与时间"赛跑"，向困难"亮剑"。王世森带领团队向着目标全力冲刺。炎炎酷暑，他们在机房忙碌，工作服被汗水一遍遍浸透。为了在计划时间内完成设备和软件调试，他们马不停蹄地辗转于川渝公路沿线数十个省界站，时常忙得忘记吃饭。在团队的努力下，ETC门架运行状态监测与智慧管控平台、收费系统等多个平台的开发与实施终于按期完成，为重庆市取消高速公路省界收费站提供了有力支持。"过程很艰辛，但是很值得，因为最终我们顺利完成了任务，并且完工进度位居全国前列。"回忆起当时的情形，王世森难掩心中的自豪。

"王老师，您帮我看看这个故障怎么排除？""这个环节还有办法改进吗？"在公司，王世森是许多员工心中的"偶像"。他"甘为人梯"，倾囊相授，在培养智慧交通人才的过程中甘之如饴；他"敢为人梯"，聚焦高标准，和团队成员并肩作战；他"干为人梯"，带领团队撸起袖子加油干。在他的带领下，团队成员由7人发展到87人，被选为2021年"重庆英才·创新创业示范团队"。

王世森本人也在不断磨砺中绽放光芒，获得中国公路学会全国公路微创新银奖、中国公路学会科学技术奖三等奖、中国交通运输协会科学技术奖三等奖、重庆公路学会交通科学技术奖三等奖等；主研3项高新技术产品，为公司取得专利授权20余项，形成软件著作权40余项；建成市级科研平台3个；所在公司被评为重庆市重点软件企业（龙头型）、国务院国资委"科改示范企业"。

行百里者半九十，对于热爱的事业，王世森有着更为深远的期待与规划。他希望深入研究更多前沿技术，让更多人享受智慧交通的成果，让老百姓出行更加安全、便利，为交通强国建设贡献自己的绵薄之力。

（资料来源：重庆日报全媒体。）

想一想

读完"2022年度最美巴渝工匠"王世森的故事，你从中获得了什么启示？

铸匠魂

工匠精神要素21：无私奉献

无私奉献是指不求回报的付出。无私奉献是一种高尚的品德，体现为他人和社会的利益而愿意付出自己的全部。这种品德表现为一种自我牺牲的精神、一种高尚的道德情操和一种无私的行为。在中华民族的历史中，无私奉献的精神一直被倡导和践行。

"中国核潜艇之父"黄旭华，三十年未与父母团聚，只为锻造出保卫祖国海疆、威震天下的大国重器。坚守"中国麻风第一村"的护士长潘美儿，数十年如一日地护理麻风病人，展现了"白衣天使"无私奉献、大爱无疆的精神。"种树老人"李洪占，一生只做一件事，一生做好了一件事。他用一把铁锹、一副肩膀，64年坚守着绿化家乡的梦想，终将昔日一片荒凉的大山变成了如今绿意葱茏的林海。无私奉献的精神不仅是中国传统文化的精髓之一，也是人类共同追求的价值观之一。它能够促进社会的和谐与稳定，增强人们的凝聚力和向心力，推动人类文明的进步和发展。因此，我们应该学习和发扬无私奉献的精神，为实现中华民族伟大复兴贡献自己的力量。

工匠精神要素22：精诚团结

精诚团结是真心诚意地团结一致的意思，具体内容包括齐心协力、风雨同舟、团结一致、一心一意。精诚团结是高效团队建设的核心，是打造高效团队的基础。团队成员只有精诚团结、互相尊重、互相信任、互相支持，形成强大的合力，才能推动团队事业的发展。同时，团队成员还要不断提高自己的素质和能力，不断学习、创新和进步，为团队的发展贡献力量。

1962年始，一代代塞罕坝人风餐露宿、百折不回，在"黄沙遮天日，飞鸟无栖树"的百万亩荒原沙地上，建成了世界上面积最大的人工林场。如今，年轻的"80后""90后"务林人成长起来，在前辈的引领下，续写着塞罕坝的绿色传奇，使昔日"北大荒"成为今朝大粮仓。一代代"北大荒"人团结一致，发扬"自力更生、艰苦创业、勇于开拓、甘于奉献"的北大荒精神，实现了从"北大荒"到"北大仓"的历史巨变。当下的我们更应精诚团结，克服困难，共同前进，为实现中华民族伟大复兴而不断奋斗。

工匠精神要素23：崇德向善

崇德指追求品德高尚，强调个人的道德修养和品格塑造；向善则是指积极行善，以善良的言行和行为来帮助他人、造福社会。崇德向善是中华民族的传统美德。

在中国的传统文化中，崇德向善的价值观被广泛地推崇和践行。在中国古代，许多仁人志士、文人墨客，他们崇德向善，积极投身于公益事业，为人民谋福利；同时，也有许多哲学家、思想家，他们倡导"仁爱""正义""诚信"等价值观，强调人与人之间和谐相处、互助互爱。崇德向善的传统美德在中国的历史长河中一直得以传承和发展。这些价值观不仅被广泛地推崇，而且在实践中得到了不断发展和完善。在现代社会中，人们更加注重环保、公益事业，积极倡导"绿色发展""可持续发展"等理念，这些都是崇德向善价值观的体现。

崇德向善可以培养出具有高尚品德、爱心、责任感、担当精神、创造力和领导力等优秀品质的人。这些品质是个人和社会发展所必需的,也是我们每个人都应该追求和实践的。

工匠精神要素 24:至善求真

至善指追求最高的善,是一种对道德和品质的追求。追求和谐之善,实现了人和事物的善,才能达到美。求真指追求事物发展的客观规律,是科学精神的核心内容。至善求真指追求和谐、和合之善,寻求真理、真诚。至善求真是工匠精神的重要组成部分,体现了职业道德、职业能力和职业品质。

唐三彩、唐刀、唐镜等的出现折射出唐代工匠的创新、包容与开放;活字印刷、火药、航海罗盘等彰显了宋代工匠的精雕细琢、推陈出新、职业敬畏等新气象;明代更是诞生了雕工鲍天成、漆工黄大成、玉工陆子冈等一大批优秀工匠,他们的作品展示出明代工匠至善的审美倾向;明末清初,致用实学、崇尚求真蔚然成风,在此基础上,清代出现了巨匠邹伯奇、罗盘匠吴鲁衡、巧匠徐寿等一大批求真务实的中华名匠。当下对大国工匠提出了更高的要求,要在制度涵养中铸造民族精神内核,在人文情怀与崇尚科学中冶炼至善求真的精神典范。

议一议

通过对以上内容的学习,你最深刻的认识是:

_____
_____
_____
_____
_____

守匠情

活动1:讨论"万米高空迫降"

在 2019 年国庆档期,在中国各大影院上映了一部有关中国民航机长的电影《中国机长》,这部电影根据真实事件改编,讲述了"中国民航英雄机组"与119名乘客在万米高空遭遇极端险情,机组成员临危不乱,在刘传健机长的冷静面对、正确判断与处置下,安全着陆的故事。万米高空中,在玻璃破碎、仪表失灵的状态下,正是刘传健机长的临危不惧和过硬的职业素养,才让128名鲜活的生命安全着陆。在接受采访时,他曾说:"敬畏生命,敬畏职责,敬畏规章。"这三个敬畏,不仅仅是民航人的,也值得每个劳动者深深思考,自己应对职业抱有怎样的敬畏之心。

作为一名职业人,刘传健机长自身所具有的优良职业道德与操守,值得我们学习与思考,在自己的职业岗位上,应该如何为社会、为人民、为国家贡献自己应有的力量,应该如何恪守职业道德。"中国民航英雄机组"用他们的实际行动展现了恪守职业道德的最高境界——我奉献。

职业道德与操守是每个职业人在社会活动中都必须遵守的行为规范，它需要我们用内在的品德标准来约束自己、引导自己。它不仅反映出职业工作中的专业能力、态度、行为等，还反映了职业人对工作的尊重、热爱、担当与责任。没有人能离开职业而成功，任何成功者的背景都是他的职业。因此，优良的职业道德与操守，是职业人获得成功的有力保障。只有具有优良的职业道德与操守，我们才能更好地呈现职业作为。

你可曾记得古人所说的职业道德与操守？《孟子·滕文公下》有云："富贵不能淫，贫贱不能移，威武不能屈，此之谓大丈夫。"那么，在当代社会，我们应该如何看待职业道德与操守？你心目中的职业道德与操守是什么呢？现在，就让我们一起来讨论吧！

大家可以根据自己的意愿或教师的安排，完成分组，每个小组 3～4 人，小组展开有关职业道德与操守的讨论，将讨论的结果进行梳理与归纳，完成下表。

职业道德与操守的讨论提纲

职业道德与操守的基础	
职业道德与操守的重点	
职业道德与操守的要求	
职业道德与操守的核心	
职业道德与操守的最高境界	
其　　他	

请每个小组将讨论结果的归纳内容进行陈述分享。

活动 2：职业情景"一起来找茬"

职业者在从事某项工作中，除应具备核心的职业技能之外，还应具有坚定的职业操守底线。职业操守是人们在从事职业活动时必须遵从的最低道德底线和行业规范。它是从业准则，是规范职业行为的基本要求，同时也是个人在社会中应当承担的道德、责任和义务。未来无论选择何种职业，都必须具备良好的职业操守。

职业操守具有基础性和制约性。它要求每个从业者都必须做到，从而践行职业道德，维护职业形象，提高职业综合素质。它是对他人与自身负责的体现，是坚定维护社会秩序、促进社会工作环境有序发展的基石。

良好的职业操守包括诚信的价值观、遵守公司法规、确保公司资产安全、诚实地制作工作报告等。职业道德是职业操守中较为重要的一个方面，热爱工作，诚实守信，公平工作，为大众服务、做出贡献的职业道德成为工作活动的行为守则。为了让大家更深刻地了解职业操守的重要性，明白在职业活动中何种职业操守才是应该坚守的，让我们"一起来找茬"吧。

大家以小组为单位，4～5 人为宜，共同搜集资料，在教师所给的卡片中绘制正确或错误的职业操守小场景简笔画。绘制完毕后，全班学生共同来判断卡片中的行为是否正确，并阐明理由。游戏按照抢答模式进行，回答正确者所在小组得 1 分，回答错误不得分，积分最高的小组获胜。

通过这个小游戏，你感受到职业操守的重要性了吗？你认为职业操守中最重要的是什么？为什么？

谈一谈

做完这个游戏后，你的感悟是：

_____
_____
_____
_____
_____

践匠行

测一测

下表围绕职业意识、职业知识、职业核心能力 3 个评测目标，设置了 16 个自评点，根据自己的实际情况对应自评点进行评分，分值为 1~5 分。

职业素养评测

评测目标（权重）	自评点	自评分	权重
C（职业意识）（0.4）	C_1 吃苦耐劳		0.19
	C_2 公平正直		0.06
	C_3 敬业爱岗		0.30
	C_4 团结协作		0.30
	C_5 现代意识		0.08
	C_6 积极进取		0.07
K（职业知识）（0.2）	K_1 专业知识		0.50
	K_2 经济知识		0.20
	K_2 管理知识		0.30
A（职业核心能力）（0.4）	A_1 与人交流能力		0.20
	A_2 创新能力		0.06
	A_3 解决问题能力		0.20
	A_4 数字应用能力		0.08
	A_5 信息处理能力		0.19
	A_6 与人合作能力		0.20
	A_7 自我学习能力		0.07

★职业意识量化评测公式为：$V(C)=C_1\times0.19+C_2\times0.06+C_3\times0.30+C_4\times0.30+C_5\times0.08+C_6\times0.07$。

职业意识评测结果为：_____分。

★职业知识量化评测公式为：$V(K)=K_1\times0.50+K_2\times0.20+K_3\times0.30$。

职业知识评测结果为：_____分。

★职业核心能力量化评测公式为：$V(A)=A_1\times0.20+A_2\times0.06+A_3\times0.20+A_4\times0.08+A_5\times0.19+A_6\times0.20+A_7\times0.07$。

职业意识评测结果为：_____分。

★职业核心能力量化评测公式为：$V=V(C)\times0.4+V(K)\times0.2+V(A)\times0.4$。

职业素养评测结果为：_____分。

其中，4分以上为优，3分以上4分以下为良，2分以上3分以下为中，依次递减。

填一填

根据16个自评点，结合评测结果分析自己在哪些方面还存在薄弱环节，可以通过哪些方式进行强化提升？

_____
_____
_____
_____
_____
_____

实践活动 ② 职业素养，照亮生涯

活动目标

1. 鼓励学习专业技能，增强就业硬实力。
2. 树立正确的人生观和价值观，增强就业软实力。
3. 懂得崇德修身、团结协作、爱岗敬业、诚实守信、勤奋创新的职业精神。

活动准备

1. 培训学习

（1）在教师的指导下，召开主题班会，提前收集大家关于本次活动的意见和想法，经过商量后，确定活动的主题、活动具体流程，策划协调组邀请3~5名学校招生就业处教师作为本次活动的评委。

职业素养

职业素养是指具备专业技能的职业人在职业活动中应当遵守的具有职业特征的道德操守和行为准则，是职业精神的集中体现。职业素养由显性和隐性两部分组成，行为、知识和技能属于显性部分，职业意识、职业道德、职业作风和职业态度等属于隐性部分。职业素养是鉴别优秀员工与一般员工的重要标准。以工匠精神为核心的职业素养应包括以下内容。

（1）专业素养

精湛的技能是从业者专业素养的具体体现，主要表现为注重产品质量、追求完美、精益求精、一丝不苟。

（2）道德素养

道德素养是从业者的道德认知和道德行为的综合反映，主要表现为爱岗敬业、诚实守信、甘于奉献、勇于承担等。

（3）心理素养

心理素养是从业者性格特征与心理能力的综合体现，主要表现为严谨专注、积极向上、不急不躁等。

（4）人文素养

人文素养是从业者具备的以人为本的意识，主要表现为发现、感知、艺术鉴赏、人文关怀等。

（5）创新素养

创新素养是从业者独立思考、敢于探究、批判质疑的精神和创新意识等。

（资料来源：熊蕾. 以工匠精神为核心的高职学生职业素养培育机制探究[J]. 2017（12）：76-81。）

（2）各班级组织学生观看有关职业素养的相关视频，感悟职业精神。

2. 联络沟通

班、团干部事先联系学校安稳办、校团委（安全管理部门），汇报本次活动的目的、意义、安全预案，以得到学校安稳办、校团委的同意、支持和帮助。

3. 人员分工

根据活动分组分工表（见下表）安排活动任务。

活动分组分工表

组织设置		工作内容	岗位职责
领导组		由团支书、班长、生活班长组成，团支书担任组长，班长、生活班长担任副组长；全面统筹活动工作	组长：协调、落实安全保障等
工作组	策划协调组	负责策划活动，向校团委进行工作报备和活动申请，征求班主任、全班学生的意见和建议，联系和协调相关工作，设计活动方案、宣传方案等；领导组成员要参与本组工作	组长：负责落实本组工作内容执行、组员管理、组内分工、组间协调合作 组员：服从组长管理，自觉遵守活动纪律，积极参与活动，在活动中团结协作
	实施组	以班级学习小组为单位划分小组，由学习组长担任小组长，小组长组织本组学生搜集有关职业素养的经典案例，并以小组为单位制作汇报PPT	
	后勤物资组	组织全班学生讨论，充分收集、整理意见和建议，根据活动需要制定方案，并做好预算；负责活动的收尾工作	
	安全保障组	向学校安稳办报备，并在学校安稳办指导下拟定《活动安全事项承诺书》，组织全班学生学习安全注意事项，负责活动过程中的安全隐患排查，及时发现、提醒、告诫、制止安全问题	
	宣传编辑组	负责拟定活动宣传方案、设计及制作横幅；负责活动中的摄影、摄像和相关宣传资料收集；负责活动后期的对外宣传工作，将总结和简报报校团委审核、存档，报学校办公室进行宣传报道	

4．安全事项

（1）组织全班学生学习学校安全管理规定，学习记录留存备查。

（2）提前向学校管理部门报备"活动策划方案""活动分组分工表"，进一步明确组织安排、人员分工、活动流程和安全责任；拟定《活动安全事项承诺书》，每位学生签字后留存备查。

5．物资准备

（1）活动宣传横幅。

（2）摄影、摄像器材。

（3）以勤俭节约为原则，准备活动奖品。

（4）以勤俭节约为原则，准备评委的饮用水，准备好纸质评分表和评分细则。

（5）各小组准备好汇报PPT。

6．场地准备

活动场地安排在有网络信号的多媒体功能室，功能室中每台计算机都安装有Office办公软件和网页浏览器，提前与负责多媒体功能室的教师沟通，确定活动时间。

活动实施

1．精心准备

组织召开班、团干部会议，明确活动目的和意义。收集学生意见和建议，整理归纳后召开一次主题班会，确定活动的流程，宣传编辑组及时发布评分细则和比赛文件。

2. 制作职业素养案例汇报 PPT

（1）以小组为单位，在小组长的指导下，小组成员上网搜集优秀职业人的资料，并讨论他们身上有哪些不同常人的特质。

（2）在教师的带领下，学生有序进入多媒体功能室，按照比赛文件要求，制作职业素养案例的汇报 PPT。在制作过程中，注意找到对应的人物与其事迹、所体现的职业素养。

（3）宣传编辑组负责整个活动过程中的摄影和摄像工作，注意多捕捉学生展现出的刻苦努力的精神风貌。

（4）以小组为单位，进行职业素养案例汇报 PPT 展示，评委根据选手表现和作品进行打分。

（5）主评委宣布获奖名单，发表活动感言，并对学生提出希望。

（6）班主任对评委表示感谢，对获奖小组表示祝贺，对没有获奖的小组进行鼓励。

3. 总结与反思

（1）小组展开讨论，学生代表发言，谈谈如何看待职业素养、职业素养的内涵应包括哪些要素。

（2）观看 2022 年世界技能大赛美容项目金牌获得者王珮的相关新闻报道和视频，以小组为单位思考并讨论王珮身上体现出怎样的职业素养，在班主任的引导下，再次领悟职业素养的内涵。

（3）每个学生都独立撰写活动感悟，班主任和宣传编辑组共同选出优秀的活动感悟，并发布在学校微信公众号上。在班主任的指导下，将本次活动的"精彩瞬间"打印出来，粘贴在班级文化墙上。

活动体会

你的收获：_____
_____
_____
_____
_____

你的感悟：_____
_____
_____
_____
_____

改进措施：_____

_____

_____

_____

_____

活动评估

评价项目	评价主体		
	自我评价	小组评价	教师评价
劳动观念			
劳动态度			
劳动情感			
劳动精神			
劳动习惯			
劳动素养			

注：评价等级为 A—优秀，B—良好，C—合格，D—不合格。

反侵权盗版声明

电子工业出版社依法对本作品享有专有出版权。任何未经权利人书面许可，复制、销售或通过信息网络传播本作品的行为；歪曲、篡改、剽窃本作品的行为，均违反《中华人民共和国著作权法》，其行为人应承担相应的民事责任和行政责任，构成犯罪的，将被依法追究刑事责任。

为了维护市场秩序，保护权利人的合法权益，我社将依法查处和打击侵权盗版的单位和个人。欢迎社会各界人士积极举报侵权盗版行为，本社将奖励举报有功人员，并保证举报人的信息不被泄露。

举报电话：（010）88254396；（010）88258888
传　　真：（010）88254397
E-mail：　dbqq@phei.com.cn
通信地址：北京市万寿路 173 信箱
　　　　　电子工业出版社总编办公室
邮　　编：100036